U0517492

江西省教育厅科学技术研究基金项目（GJJ161550）

产学研合作企业
吸收能力提升研究

CHANXUEYAN HEZUO QIYE
XISHOU NENGLI TISHENG YANJIU

图书在版编目（CIP）数据

产学研合作企业吸收能力提升研究/艾志红著 . —北京：
经济科学出版社，2017.7
（中青年经济学家文库）
ISBN 978 - 7 - 5141 - 8353 - 5

Ⅰ. ①产… Ⅱ. ①艾… Ⅲ. ①企业 - 产学研一体化 -
研究 - 中国 Ⅳ. ①F279. 23

中国版本图书馆 CIP 数据核字（2017）第 201930 号

责任编辑：李　雪
责任校对：王苗苗
责任印制：邱　天

产学研合作企业吸收能力提升研究
艾志红　著
经济科学出版社出版、发行　新华书店经销
社址：北京市海淀区阜成路甲 28 号　邮编：100142
总编部电话：010 - 88191217　发行部电话：010 - 88191522
网址：www. esp. com. cn
电子邮件：esp@ esp. com. cn
天猫网店：经济科学出版社旗舰店
网址：http://jjkxcbs. tmall. com
北京密兴印刷有限公司印装
710 × 1000　16 开　14. 5 印张　200000 字
2017 年 7 月第 1 版　2017 年 7 月第 1 次印刷
ISBN 978 - 7 - 5141 - 8353 - 5　定价：58. 00 元
（图书出现印装问题，本社负责调换。电话：010 - 88191510）
（版权所有　侵权必究　举报电话：010 - 88191586
电子邮箱：dbts@ esp. com. cn）

前　　言

　　吸收能力自被 Cohen 和 Levinthal（1989，1990，1994）提出以来，就一直被创新理论主流观点认为是提升创新绩效的关键因素。学者们在对吸收能力的内涵与理论基础广泛讨论之后，开始更关心吸收能力的实用性——如何培育或提升吸收能力。然而现有研究过于关注如何从企业内部来提升吸收能力，而忽略了外部环境对吸收能力的影响作用。实际上，能力的提升应从企业内部和外部两个层面系统研究（Easterby‐Smith et al.，2008），既要关注如何积累企业内在能力，更要关注如何通过"师徒制"向外部组织学习。

　　当前知识更新速度日新月异，寻求包括产学研合作在内的一切外部途径提升吸收能力是形势所逼也是理所当然。然而，通过对现有吸收能力研究的相关文献进行梳理发现：关于通过组织间合作提升吸收能力的研究相对匮乏，尤其是通过产学研合作提升吸收能力的研究，缺乏深层次的理论探讨和实证研究。我国企业如何在产学研合作环境中提升吸收能力与实现创新绩效，已成为我国当前产学研合作研究中急需探讨和解决的问题。本书运用理论分析与实证研究相结合的方法，首先，从理论上探讨产学研合作过程实质上也是吸收能力的动态提升过程；其次，基于吸收能力理论，构建了"影响因素—能力转换—绩效"三位一体的产学研合作企业吸收能力提升的理论模型，探讨组织内外因素对吸收能力不同维度的影响机理；再其次，以我国产学研合作企业为调研对象，实证证明产学研合作组织间层面因素（合作关系、知识距离、网络结构）、组织内部因素对吸收能力不同维度提升的影响效应；最后，为弥补定量研究的不足，进一步用单案例研究分析产学研合作企业吸收能力提升的前因后效变量。

本书研究的主要结论与贡献体现在以下四个方面：

（1）产学研合作过程实际上是企业吸收能力的动态提升过程。产学研合作过程实际上是企业不断获取、消化外部知识，并将消化后的外部知识与企业原有知识融合并进行商业化应用的过程。企业通过合作创新网络不断获取高校与科研机构专业技术背后的隐性知识（社会化过程，socialization），并将隐性知识消化后用显性化的概念和语言清晰表达出来，其显性手段有隐喻、概念、模型、类比（外部化过程，externalization），经过系统化整理添加到企业知识库中，并与企业知识库中原有知识融合重组后转化成新的显性知识（整合化过程，combination），最后企业根据创新目标，将转化后的显性知识加工升华成新的隐性知识，并最终进行商业化应用（内部化过程，internalization），即以新产品、新工艺、现存产品和工艺改进的形式出现。当知识从高校与科研机构转移到企业时，企业所获得的知识已经不是原来意义上的知识，而是包含了新的创新知识，这些新知识以新产品、新工艺等具体的商业成果的形式出现，当这种新的创新知识再通过若干个 SECI（社会化—外部化—整合化—内部化）循环传递到起始点的时候，它已经经过多次螺旋演化实现了知识的系统化、复杂化与全面化发展，这一过程实质上也是企业吸收能力的动态提升过程。

（2）构建了"影响因素—能力转换—绩效"三位一体的产学研合作企业吸收能力提升的理论模型。对产学研合作企业而言，企业与高校、科研机构等外界组织间的各种因素如知识相似性、关系紧密度、网络强度等都会影响到企业潜在吸收能力，而组织内部因素对实际吸收能力具有调节作用，从知识积累到知识应用最终对组织绩效产生影响。因此本书构建了"影响因素—能力转换—绩效"三位一体的产学研合作企业吸收能力提升的理论模型，该模型围绕着组织内外因素对潜在吸收能力和实际吸收能力的影响及潜在吸收能力向实际吸收能力转换这两大核心过程，在两大过程的融合下，实现吸收能力的提升及对组织系统的功能贡献。

（3）影响吸收能力不同维度提升的因素不同。在开放式创新的经济背景下，学者们越来越关注吸收能力的关系维度。借鉴前人关于吸收能力的相关研究成果，本书同时从企业外部和内部探讨吸收能力的提升问题，并将其分为潜在吸收能力和实际吸收能力。其中，潜在吸收能力是获取和消化外部知识的能力，主要受企业外部环境的影响，关注吸收能力的关系维度，产学研合作组织间层面因素（合作关系、知识距离、网络结构）是影响潜在吸收能力提升的关键因素；实际吸收能力是转化和应用外部知识的能力，主要受企业内部环境的影响，是一种内在能力。组织内部管理因素可以有效促进潜在吸收能力向实际吸收能力转化，提升实际吸收能力。通过对上述各主要变量进行测量，得出各主要变量均具有较好的信度和效度。对上述因素进行回归分析，得出以下结论：第一，产学研合作关系对潜在吸收能力的影响效应很显著，这说明产学研合作各方良好的信任、承诺、沟通有助于提升潜在吸收能力。知识距离对潜在吸收能力的影响作用也很显著，这说明企业在选择产学研合作对象时，既要注意吸收合作对象的专业知识，也要注意到多元化知识所带来的创意。网络结构对潜在吸收能力的影响作用也是显著的，在产学研合作过程中，"政、产、学、研、用"等异质性组织组成的合作创新网络，有助于企业接触到丰富的外部知识，企业应加强与外部组织的联系，频繁的联系沟通有助于企业消化吸收外部知识，提升潜在吸收能力。第二，组织内部管理因素在潜在吸收能力与实际吸收能力关系间起到调节作用，为使获取消化后的外部知识能在企业内部转化并进行商业化应用，企业还应重视组织结构、沟通机制、学习机制、企业文化等组织内部管理机制的建设，企业内外部资源的协调匹配更有利于吸收能力的提升。第三，实际吸收能力有助于合作绩效的提高。获取、消化外部知识是企业商业化应用外部知识的前提和基础，而企业保持竞争优势的关键是不断把获取、消化后的外部知识进行商业化应用，生产出新产品、新工艺。在产学研合作过程中，由于知识资源的异质性，企业通过与高校、科研机构沟通与交流，不断获取和消化有潜在利用价值的新知识，再通过有效的组织内部管理机制，将外部新知识转化为企业内部知识，并进行商业化应用，从而提升了合作绩效。

（4）吸收能力在产学研合作过程中起到了关键作用。实证检验发现，吸收能力在合作关系与合作绩效、知识距离与合作绩效、网络结构与合作绩效之间均起到完全中介作用，这说明吸收能力是影响产学研合作成功的关键因素，产学研合作企业应重视对吸收能力的培育。在吸收能力培育的过程中，既要充分重视对外部优势知识资源的利用，同时也要积极有效配置企业内部组织资源，推进社会化支持体系和企业内部支持体系相结合。

本书基于 SECI 理论分析了产学研合作企业吸收能力提升的动态过程，拓展了吸收能力的研究成果；基于理论研究的结论，构建了我国产学研合作企业吸收能力提升的理论模型，丰富了我国情景下企业吸收能力提升的理论研究；运用层级回归分析实证证明了产学研合作企业组织内外因素对吸收能力不同维度的影响，拓展了该领域的实证研究成果；单案例分析为我国产学研合作企业提升吸收能力提供了实践范本。

艾志红

2017 年 3 月

目　　录

第1章

绪　　论

1.1
_____
研究背景

在当前知识经济时代的背景下，知识已取代传统资源成为企业提高核心竞争优势的主要来源。如何快速识别、获取外部对自己有潜在利用价值的新知识，消化积累新知识，转化并商业化应用新知识实现企业成长，已成为影响企业创新和保持核心竞争力的关键因素。知识快速更新的今天，企业需要运用外部知识来提高自身的创新能力（Laursen & Slater，2006）。

1.1.1 现实背景

在企业管理实践中，许多企业由于在技术创新过程中有效利用外部新知识而占据了市场竞争的优势地位。技术创新过程涉及创新思想产生、研究开发、设计生产、市场营销等一系列环节，每一环节都是新知识的获取利用及旧知识的更替淘汰，因此技术创新过程也是企业不断获取、消化、转化、利用新知识及更替、淘汰旧知识的过程。成功地搜索并获取到外部有利用价值的新知识，并把新旧知识融合利用到新产品、新工艺开发的能力是企业至关重要的能力。柯达公司早在19世纪末就以生产优质胶卷和简易相机闻名于世，2001 年，柯达在中国的市场份额达到 63%。然而从 2000 年起，数码相机市场呈现爆发趋势，构成对传统胶卷业的冲击之势，索尼、佳能、尼康、三星等公司纷纷转型。由于柯达过于对成熟技术（旧知识）的眷恋，当数码技术（新知识）来临时，反应极其迟缓。2003 年柯达才开始向数码影像转型，而这一年公司的销售利润相比 2002 年跌幅达 71%，2007 年柯达才将业务重点转向数码技术，而此时数码产品已经普及为主流产品。错过了最佳转型期的柯达，由保持一个多世纪的行业领先者迅速变身为追随者。可见，当新知识来临时，即使是成功的企业如果不能够抓住发展的机会，运用新知识，也会最终走向失败。知名企业的兴衰使我们不得不重视外部新知识的吸收利用问题。

可见，在知识快速更新的今天，即使是成功的大企业也无法在市场上立于不败之地，也需要不断地吸收利用外部新知识。在当前知识经济时代，任何企业都不可能仅仅依赖于自身拥有的、有限的内部知识资源独立从事技术创新活动，必须通过与外部实体的广泛合作才能不断地推进企业的技术创新。单个企业的知识资源是有限的，而企业外部的知识资源是无限的，企业通过合作创新获取外部知识资源以取得更高的创新绩效已呈现出全球化的趋势，因此合作创新特别是产学研合作创新正日益成为理论界与实践界关注的焦点。

有效的获取、消化外部知识并对外部知识进行转化和商业化应用（即吸收能力）是提高创新绩效的关键（吕淑丽，2008），企业大部分创新思想来源于外部而并非自己的发明成果（Cohen & Levinthal，1990），在创新过程中与外部创新主体交流互动从而获取新的知识尤其重要（Mowery，1996）。因此，国外企业都十分重视与外部创新主体（高校与科研机构、供应链中的上下游企业、政府）的合作与交流。实践证明，日韩企业对外部新知识的吸收能力极强是日韩企业快速成长的主要原因。企业通过与外部创新主体（高校与科研机构、供应链中的上下游企业、客户）建立广泛的社会关系网络可以获取知识资源。组织间网络的社会性嵌入有利于企业交换详细的信息，有助于企业获取新知识，提高企业的技术创新水平和创新绩效。然而，我国企业虽然自1986年开始就广泛开展产学研合作，但是合作效果却不甚理想。因此我国产学研合作企业如何有效吸收利用外部合作创新主体的新知识实现技术创新、提高竞争力正是本书研究所依托的现实背景。

1.1.2　理论背景

吸收能力理论认为外部知识资源对企业独特资源和能力的形成至关重要，企业创新的关键依赖其所拥有的具有缄默性、复杂性和难以转移性特点的知识资源（Grant，1996）。Cohen 和 Levinthal（1989）首次运用"吸收能力"（absorptive capacity）这一术语，并将其定义为"识别、消化及商业化应用外部新知识的能力"。然而早期的以 Cohen 和 Levinthal（1989，1990，1994）为代表的学者将吸收能力看作是一种绝对吸收能力（absolute absorptive capacity），是企业的内在学习能力，是单方面的，主要受组织内部知识结构的影响，而忽略了吸收能力中的关系维度。在吸收能力后续的相关研究中，Lane 和 Lubatkin（1998）、Dyer 和 Singh（1998）、Lane，Salk 和 Lyles（2001）、Zahra 和 George（2002）等学者开始注意到吸收能力的关系维度，并基于组织间层面探讨相对吸收能力的前因后果，他们认为知识吸收活动应该置于组织间的网络关系中，吸收能力一旦脱离了外部网络关系，就退化为企业内部的能力而丧失其研究意义。Zahra 和 George（2002）基于吸收能力的关系维度进一步将其分为潜在吸收能力和实际吸收能力。Yeoh（2009）认为潜在吸收能力强调与企业外部环境的联系，是跨组织层面的能力，而实际吸收能力强调企业的内在能力，是组织内部层面的能力。可见，潜在吸收能力强调关系维度，是企业对外部新知识的获取与消化能力，应从组织间层面进行讨论；而实际吸收能力是企业内在的对新知识转化及应用的能力，应从组织内部层面进行讨论。

　　国内外学者普遍认同吸收能力对组织间的合作创新有着重要的正向影响作用（Teece，1997；Kodama，2008；樊霞，2012），但忽略了合作创新模式下如何培育企业自身吸收能力进而提高合作绩效的研究，具体到产学研合作这一具体合作创新模式下企业吸收能力提升的研究就更稀少。就目前笔者的文献检索结果来看，Muscio（2007）的研究发现企业的吸收能力会在很大程度影响企业进行外部合作的意愿，吸收能力程度低的企业可能根本就不愿意尝试产学研合作；秦玮和徐飞（2010）讨论了企业吸收能力水平对产学研合作模式的影响；谢园园等（2011）实证分析了 2008 年江苏省 229 家创新型企业研发吸收能力对产学研合作行为及合作模式的影响；樊霞等（2012）的研究也表明吸收能力能有效促进产学研合作绩效的提升；陈光华等（2014）实证分析表明了以企业研发人员比重度量的吸收能力对产学研合作绩效具有显著的正向影响等少数几篇，然而已有研究多是探讨吸收能力对产学研合作的影响，而几乎没有研究涉及产学研合作组织间层面因素、企业组织内部因素对吸收能力不同维度（潜在吸收能力、实际吸收能力）的作用机理。因此在合作创新的经济背景下，产学研合作对吸收能力影响如何？吸收能力在产学研合作与合作绩效关系中的作用机理如何？产学研合作背景下如何提升吸收能力？这些都是目前亟须探索的理论问题。

1.2

研究意义

1.2.1　现实意义

　　（1）揭示吸收能力在产学研合作中的重要性。在知识经济时代，知识更新速度加快，单个企业无法利用自身有限的内部知识资源实现创新，因此企业经营管理者希望通过外部合作特别是产学研合作获取对自身有潜在利用价值的外部知识来提升竞争力，获取竞争优势。本书对吸收能力在产学研合作与合作绩效之间的关系进行研究，促使企业充分认识到提升吸收能力将有助于企业获取外部知识进而提高竞争优势，在市场竞争中始终处于领先地位。

（2）验证产学研合作是提升吸收能力的有效途径。企业经营管理者渴望通过提升吸收能力来有效提高吸收利用外部新知识的能力，但吸收能力的提升并不简单。本书以产学研合作企业为研究对象，通过问卷调查，实证验证产学研合作对吸收能力提升的影响效应，这种验证为企业经营管理者提升吸收能力增添了新途径。

（3）指明产学研合作背景下影响吸收能力提升的关键因素。本书对产学研合作背景下影响吸收能力提升的组织内外因素进行分析，研究表明产学研合作组织间层面因素（如合作关系、知识距离、网络结构）对潜在吸收能力的提升有显著的正向影响效应，而潜在吸收能力又影响到实际吸收能力，组织内部管理因素在潜在吸收能力与实际吸收能力关系间起调节作用。这些分析有助于指导企业通过产学研合作提升吸收能力的关键作用点，因而具有重要的现实意义。

1.2.2 理论意义

（1）揭示产学研合作背景下组织内外因素对吸收能力不同维度的影响。自 1989 年 Cohen 和 Levinthal 首次提出吸收能力以来，引起了国内外学者的广泛关注。然而，现有研究多是从单一层面进行，例如，从组织间层面（或组织内层面）探讨吸收能力的影响因素，并且将对吸收能力看成是单一维度。随着吸收能力研究的深入，国内外越来越多的学者开始认同组织内外因素会对吸收能力的不同维度产生不同的影响，然而尚缺少系统的理论探讨与实证证明。因此，揭示产学研合作背景下组织内外因素对吸收能力不同维度的影响有助于深化吸收能力的理论与实证研究。

（2）比较透彻地揭示了影响产学研合作企业吸收能力提升的关键因素。将产学研合作组织间层面因素、组织内部因素、吸收能力以及合作绩效这几个关键要素综合在一个框架内，研究各个要素之间的作用关系，比较透彻地揭示了影响吸收能力提升的关键因素、吸收能力在产学研合作与合作绩效中的关键作用。本书以产学研合作企业为研究对象，通过文献分析，探讨产学研合作背景下企业吸收能力的前因后效变量；通过问卷调查分析，探讨产学研合作背景下组织内外因素对企业吸收能力提升的影响效应。因此，本书也是一种实证分析，这种实证分析将丰富吸收能力的实证研究。

（3）关注企业外部环境对吸收能力的影响作用。此外，较少有学者从企业外部关注吸收能力的提升问题。现有研究过于关注如何从企业内部来提升吸收能力，而忽略了外部环境对吸收能力的影响作用。实际上，能力的提升应从企业内部和外部两个层面系统研究（Easterby-Smith et al.，2008），即要关注如何积累企业内部能力，更要关注如何通过"师徒制"向外部组织学习。特别在当前合作创新背景下，企业如何利用合作创新的群体优势，培育自身吸收能力、提高竞争优势是一个亟须解决的问题。

1.3

研究方法

本书首先通过文献分析法和理论研究法确定研究的主题和框架，并构建影响产学研合作企业吸收能力提升的理论模型，形成理论假设；其次，通过实地考察、问卷调研等方式采用统计软件对概念模型进行实证研究；最后，运用单案例分析法从多角度对理论分析与概念模型进行验证，以增强本书研究的实践价值和普适性意义。

（1）文献分析法。研究过程中，笔者查阅了大量的国内外相关文献，通过对吸收能力理论、知识管理理论、合作创新理论相关文献、资料的归纳、推理与分析，跟踪研究前沿，提炼出吸收能力理论研究的一般分析框架，在文献述评的基础上提出本书的研究视角、关键问题和研究价值所在。同时，结合已有文献、理论基础和研究成果，进一步推进本书的理论研究。

（2）理论分析法。理论分析是本书研究的根基和研究内容的浓缩与升华，由于吸收能力理论在国内仍是一个新兴的研究领域，已有文献多是集中在对国外经典文献的述评和实证研究上，而对于该理论的研究内容尚缺乏系统的研究和分析，特别是吸收能力提升的机理，理论研究很少涉及。本书以理论分析为重点，系统梳理吸收能力理论相关概念、各研究内容的逻辑关系，深入探讨合作创新背景下吸收能力提升的内在机理。

（3）实证分析法。本书辅以实证方法进行定量分析，对概念模型和主要观点加以验证。在研究过程中，对南昌、上海、北京、广州等地的产学研合作企业进行问卷调研，借助 SPSS 22.0 统计软件进行相关分析、因子分析和回归分析，对产学研组织间因素、组织内部因素、吸收能力、与合作绩效的关系实证分析，提示了影响产学研合作企业吸收能力提升的关键因素及吸收能力在产学研合作与合作绩效关系间的作用机理。

（4）案例分析法。案例分析主要是在被调查企业中选取一家既具有典型性又具有代表性的产学研合作企业，进行访谈、观察和跟踪，深入了解该企业的产学研合作情况，重点对影响吸收能力提升的产学研合作中的合作关系、知识距离、网络结构、组织内部管理因素、合作绩效等问题进行深入研究，力求多角度验证理论分析和概念模型，增强研究的实践价值和普适性意义。

1.4

研究框架和技术路线图

技术路线图是引导本书从选题构思一直到科学结论的总体性研究规划。本书研究的技术路线，如图 1.1 所示。

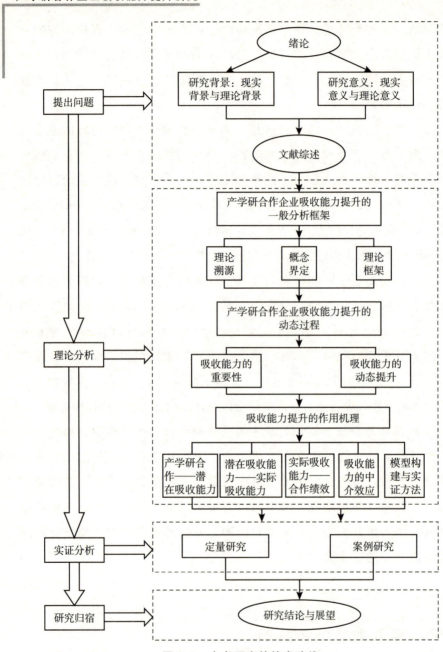

图 1.1　本书研究的技术路线

1.5

结构安排

基于以上研究目标及路线，本书共分为 8 章：

第 1 章是绪论。简要介绍了本书的研究背景、研究意义及研究方法，并对技术路线图及本书结构进行说明，最后，概括了本书的创新点。

第 2 章是文献综述。对本书运用到的理论进行综述，主要涉及企业吸收能力相关研究、产学研合作相关研究、产学研合作与企业吸收能力关系的相关研究。企业吸收能力相关研究重点关注吸收能力的内涵、构成维度及其前因后果；产学研合作相关研究重点关注产学研合作概念、产学研合作动机、产学研合作模式及合作绩效的测量；产学研合作与企业吸收能力的关系研究重点关注产学研合作与企业能力、组织间合作与吸收能力之间的关系。

第 3 章在前人研究的基础上构建了产学研合作企业吸收能力提升的一般分析框架。主要内容是对相关概念进行界定并对吸收能力的理论演变进行清晰阐述，力图搭建一个有血有肉的产学研合作企业吸收能力提升的分析框架，作为本书研究的起点，也为后续各章节的展开进行了铺垫。

第 4 章是理论研究。首先基于演化博弈理论分析了产学研合作企业吸收能力提升的动力机制，并基于吸收能力的动态提升过程从理论上阐述产学研合作企业吸收能力提升的机理。

第 5 章、第 6 章是理论分析与实证证明。第 5 章根据相关理论提出理论假设并建立本书的概念模型，第 6 章实证检验第 5 章提出的概念模型，并对研究结果进行分析和讨论。

第 7 章是案例分析。本章在被调查企业中选取一家既具有典型性又具有代表性的产学研合作企业——亚信集团进行单案例研究，结合实地调查、访谈、问卷调研深入分析影响吸收能力提升的组织内外因素，力求多角度的验证第 5 章的理论假设和概念模型，为产学研合作企业提升吸收能力提供借鉴方案。

第 8 章是本书的结论与展望部分。对前文的实证研究以及案例研究的主要结论进行了归纳总结，对产学研合作企业如何提升吸收能力给出了相应的管理启示。最后，指出本书研究尚存在的不足之处与未来的研究方向。

1.6

可能的创新点

（1）从知识转换视角探讨了产学研合作企业吸收能力提升的动态过程。结合 Nonaka 的 SECI 过程，从知识转换视角探讨了产学研合作企业吸收能力提升的动态过程，丰富了吸收能力的动态研究。企业首先通过产学研合作创新网络平台获取高校、科研机构的隐性知识（社会化），然后将获取的隐性知识消化后用显性化的概念和语言清晰表达出来（外部化），与企业内部原有显性知识整合后（整合化），再以新产品、新工艺等新的隐性知识呈现（内部化），这一过程实际上也是企业获取、消化、转化及商业化应用外部知识的过程，是企业吸收能力提升的动态过程。

（2）构建了产学研合作企业吸收能力提升的分析框架。本书构建了"影响因素—能力转换—绩效"的产学研合作企业吸收能力提升的分析框架，从组织间层面和组织层面探讨了企业吸收能力提升的前因机制，拓展了吸收能力前因的相关研究，发现了产学研合作组织间层面因素，如合作关系、知识距离、网络结构对潜在吸收能力提升有显著作用，进而拓展了相关研究。

（3）实证分析吸收能力各维度之间的关系。国内现有文献基于理论分析从过程视角认同吸收能力的四个过程两个维度，但在实证分析时忽略了各维度之间的关系研究，本书弥补了这一缺陷。实证研究结果显示，潜在吸收能力对实际吸收能力有正向影响作用，组织内部管理因素在潜在吸收能力与实际吸收能力关系间起调节作用。这一结论打开了关于吸收能力各维度之间关系的黑箱，为未来进一步研究奠定了坚实的基础。

第 2 章

文 献 综 述

基于本书研究目的与意义，本章主要对吸收能力、产学研合作、产学研合作与企业吸收能力的关系这三个方面的现有相关文献进行梳理总结与简要述评。

2. 1

吸收能力理论文献综述

在当前开放式创新背景下，吸收能力提升是企业创新成功的关键。大量研究表明，吸收能力强的企业可以更好地识别、获取外部有潜在利用价值的新知识，通过与内部知识源的整合，商业化应用这些新知识，提升创新绩效。吸收能力自1989年被正式提出以来，已被广泛地运用于创新理论、组织管理理论研究的各个领域。如今，吸收能力的概念已经跨越了战略管理、技术管理、国际商务以及组织经济学等研究领域，成为创新理论、组织管理理论最重要的概念，该理论要求企业通过获取外部新知识并商业化应用新知识来快速适应外界环境变化，提高创新能力。目前国内外学者关于吸收能力的研究成果较为丰富，基于研究需要，本书主要对吸收能力的内涵、维度划分及前因后效变量进行综述。

2.1.1　吸收能力的内涵

2.1.1.1　吸收能力的思想渊源

通过对早期创新理论相关文献研究发现，吸收能力理论早在 1971 年已有了发展萌芽。Tilton（1971）在对半导体工业研究中发现，企业的研发投入可以使企业具有识别、消化最新技术的能力。Evenson 和 Kislev（1975）、Mowery（1983）、Allen（1984）等学者都有相似的见解，他们也都认同企业研发投入有助于提高企业内部吸收能力和技术能力。Cohen 和 Levinthal（1989）在这些学者研究的基础上正式使用"吸收能力"这一简明术语，并首次对吸收能力进行定义，将其定义为"识别、消化及商业化应用外部知识的能力"，同时，为检验理论模型，他们使用研发/销售收入这一静态指标作为吸收能力的替代变量，强调了研发投入对吸收能力提升的积极作用。Cohen 和 Levinthal（1990）在重申 1989 年研究理论的基础上，对吸收能力进行补充定义，将其定义为"识别、评价、消化及商业化应用外部知识的能力"，并进一步认为吸收能力受个人认识结构的影响，是建立在员工个人吸收能力之上的，具有知识累积性和路径依赖性。Cohen 和 Levinthal（1994）在上述研究的基础上，进一步认为"幸运青睐有准备的企业"，即企业对吸收能力的投入（即进行研发投入）可以使企业准确预见未来发展机会，会给企业带来回报。Cohen 和 Levinthal（1989，1990，1994）的三篇文献比较清晰系统地对吸收能力的概念进行了界定，同时系统地阐述了前提假设、前因后果变量。它们明确地表达了这样一个观点：即通过研发投入，企业可以识别某一特定领域的新知识，在员工个体及组织先验知识基础上，对这些知识进行消化并商业化应用（即吸收能力是指企业具有识别、消化外部有潜在利用价值的知识并进行商业化应用的能力）。目前，国内外学者公认 Cohen 和 Levinthal 发表的《创新与学习：R&D 的两方面》

(1989)、《吸收能力：学习与创新的新视角》（1990）、《幸运青睐有准备的企业》（1994）三篇文献开创了吸收能力研究的先河，并引发了创新理论、组织与战略管理理论研究的新热点。

2.1.1.2 吸收能力的概念

国内外许多学者在 Cohen 和 Levinthal（1989，1990，1994）的经典定义上，对吸收能力提出了新的定义。例如，Mowery 和 Oxley（1995）基于国家创新系统的研究，将吸收能力定义为对引进技术中的隐性知识进行处理的能力。Kim（1998）基于韩国半导体的研究实践，把吸收能力分为学习能力和解决问题的能力，其中学习能力是模仿能力，解决问题的能力是创新能力。Lane 和 Lubatkin（1998）基于"学生企业"和"老师企业"的双边关系首次提出相对吸收能力的概念，认为相对吸收能力是"学生企业"对从"老师企业"那里获得的新知识进行评价、消化及应用的能力。Zahra 和 George（2002）认为吸收能力是获取、消化、转化并应用知识的组织惯例和流程，是一种动态能力。Lane 和 Pathak（2006）、Lichtenthal（2009）基于组织学习过程的角度，认为吸收能力是企业通过探索式学习（explorative learning）、转换式学习（transformative learning）、开发式学习（exploitative learning）这一系列过程来应用外部知识的能力。表 2.1 列举了目前学术界认同的较具有代表性的吸收能力定义。

表 2.1　　　　　　　　　　具有代表性的吸收能力定义

研究者	定义
Cohen 和 Levinthal（1990）	识别、消化并商业化应用外部知识的能力
Mowery 和 Oxley（1995）	对引进技术中的隐性知识进行处理的能力
Kim（1998）	学习并解决问题的能力
Lane 和 Lubatkin（1998）	对从"老师企业"那里获得的新知识进行评价、消化及应用的能力
Zahra 和 George（2002）	获取、消化、转换并应用知识的组织惯例和流程

研究者	定义
Liao 等（2003）	获取、传播外部知识的能力
Matusik 和 Heeley（2005）	包括企业外部层面的吸收能力、企业内部层面的吸收能力、个体层面的吸收能力三个层面
Lane 和 Pathak（2006）；Lichtenthal（2009）	通过探索式学习、转换式学习、开发式学习这一系列组织学习过程来应用外部知识的能力
Todorovad 和 Durisin（2007）	评价、获取、转换或消化、应用知识的能力

综上所述，由于吸收能力的抽象性，不同的学者基于不同的研究视角，对吸收能力的概念进行了不同的表述，这也导致吸收能力在维度划分与测量上出现较大的差异性。虽然学者们从不同角度提出了不同的吸收能力概念，但是随着吸收能力理论的发展，目前大多数学者都认同吸收能力具有多重维度。

2.1.2　吸收能力的构成维度与测量

2.1.2.1　吸收能力的构成维度

虽然国内外学者对吸收能力构成的多维性已经达成共识，但具体构成差异较大。表 2.2 基于时间顺序列举了部分国外学者对吸收能力构成维度的划分。

表 2.2　　　　　　　国外学者对吸收能力构成维度的划分

研究者	构成维度
Cohen 和 Levinthal（1990）；Lane 和 Lubatkin（1998）	识别、消化、应用
Van den Bosch 等（1999）	评价、获取、整合、应用
Kim（1998）	先验知识、努力强度

研究者	构成维度
Tsai（2001）	获取、更新、转移、应用
Zahra 和 George（2002）；Jansen（2005）	获取、消化、转换、应用
Lane 和 Lichtenthal（2006）	探索式学习、转换式学习、开发式学习
Todorovad 和 Durisin（2007）	评价、获取、转换或消化、应用
Gordon（2012）	知识期权、获取、同化与释放、利用
Paul 等（2012）	评估环境、目标设计、同化与转化、执行

国内学者对吸收能力构成维度的认识也存在较大的差异性，但基本上都是在参考国外研究成果的基础上结合具体研究目的修订而成，详见表2.3。

表 2.3　　　　　　　　　部分学者吸收能力单一维度测量指标

研究者	测量指标
Cohen 和 Levinthal（1989）；Lane 和 Lubatkin（1998）	研发强度
Mowery 和 Oxley（1995）	专利和研发强度
Veugelers（1997）	研发部门所拥有的人员数量
Ahuja 和 Katila（2001）	专利数
Spanos 和 Voudouris（2009）	科技人员占总员工数的比例
Kostopouos 等（2011）	研发支出和受过高等教育人数

资料来源：在 Tessa 等（2011）；王辉（2012）基础上整理修改。

2.1.2.2　吸收能力的测量

近年来，关于吸收能力的实证研究越来越多。在实证研究中，还需要对吸收能力的构成维度进行测量。目前关于吸收能力的测量指标的研究主要分为以下两种：

（1）单一维度测量法。Cohen 和 Levinthal（1989）首次使用研发/销售收入这一静态指标作为衡量吸收能力的替代变量对吸收能力进行测量，自 Cohen 和 Levinthal（1989）后，不少学者使用单一维度，运用与研发相关的指标作为替代变量测量吸收能力，如使用研发强度、专利数、研发人员的数量、研发人员培训上的投入等等。表 2.3 列举了部分学者对吸收能力单维度测量的指标。

　　然而在实证研究中，使用单一维度的替代变量测量吸收能力虽然易于操作，但存在以下两个方面的问题：一方面，吸收能力多维度的丰富内涵无法通过替代变量测量反映；另一方面，也无法测量没有研发投入的企业吸收能力。

　　（2）多维度测量法。还有一部分学者采用多维度的测量法更深入的研究吸收能力。目前，国内学者也越来越重视对吸收能力实证检验，并在相关文献研究的基础上形成了吸收能力的维度划分及量表测量，详见表 2.4。

表 2.4　　　　部分国内学者关于吸收能力的构成维度与测量

研究者	构成维度	测量
张韬（2009）	识别、获取、消化、转化、应用	Nonaka 等（1994）；McGrawd 等（2001）；Bontis 等（2002）
徐二明、陈茵（2009）	获取、整合、创新	根据相关研究自设问项
郑慕强、徐宗玲（2009）	适应能力、应用能力、生产能力	Jansen 和 Volberda（2005）；Wong 和 Show（1999）
陶锋（2009）	科技经费、人力资本、社会资本、知识管理	根据相关研究自设问项
简兆权、占孙福（2009）	辨析能力、取得能力	根据相关研究自设问项
钱锡红、杨永福（2010）	获取、消化、转化、应用	Zahra 和 George（2002）；Jansen 和 Volberda（2005）
王志纬、陈劲（2012）	识别、获取、消化、转化、应用	根据相关研究自设问项
张光磊（2012）	知识基础、知识吸收动机	Liao 和 Hu（2007）；Minbaeva 和 Pedersen（2003）
马瑞超、张鹏（2013）	研发强度	Cohen 和 Levinthal（1989）
林春培、张振刚（2014）	识别、消化或吸收、保养、激活、转化、应用	Zahra 和 George（2002）；Arbussa 和 Coenders（2007）；Lichtenthal（2009）

目前学术界关于吸收能力多维度划分的争论焦点主要集中在三维度与四维度划分上，例如，三维度测量法，将吸收能力划分为识别、消化、利用三个维度，Lane 等（2001）开发了相应的量表来测量吸收能力的这三个维度。四维度测量法，将吸收能力划分为获取、消化、转化、应用四个维度，Jansen 和 Volberda（2005）基于 Zahra 和 George（2002）提出的潜在吸收能力（获取、消化）和实际吸收能力（转换、应用），开发了包含 21 个题项的量表来测量吸收能力获取、消化、转换、应用四个维度。知识消化与知识转化是否可以相互替代（Torodova & Durisin，2007），支持四维度划分的学者认为知识消化与知识转化这两个过程是不可以相互替代的，因为知识获取、消化、转化和应用是知识吸收的连续过程，知识转化在该过程中是不可分割的，其强调企业将获取、消化后的外部知识转化为本企业内在知识的能力。

2.1.3 吸收能力的前因后效

2.1.3.1 吸收能力的前因变量

自吸收能力被研究以来，关于影响因素的研究就如影随形，并且不断有新的影响因素被纳入研究者们的考察范围。目前国内外学者对吸收能力影响因素的研究十分丰富。Cohen 和 Levinthal（1990）强调了先验知识（如基本技能、共同语言）和经验对吸收能力的影响。企业的先验知识是建立在员工个人吸收能力之上的，即建立在员工个人的先验知识基础之上，因此吸收能力具有知识累积性和路径依赖性。Van den Bosch 等（1999）提出了不一样的观点，他们认为先验知识通过组织结构和整合能力对吸收能力产生影响，并不直接影响吸收能力。并通过实证研究得到以下结论：组织结构中矩阵式结构有利于吸收能力、职能式结构不利于吸收能力、事业部式结构对吸收能力的影响是不确定的；而整合能力中的系统化能力和协调能力有利于吸收能力、社会化能力不利于吸收能力。Lane 和 Lubatkin（1998）基于"师徒制"的双边关系首次提出了相对吸收能力，并从知识基础的相似性、补偿实践和组织结构的相似性、近似的主导逻辑三个方面来探讨相对吸收能力的影响因素。Zahra 和 George（2002）则强调外部知识来源、知识互补性、经验对吸收能力的影响，同时，他们还强调社会整合机制在潜在吸收能力与实际吸收能力间的调节作用。Daghfous（2004）从企业内外部两个层面探讨吸收能力的影响因素。其中，内部影响因素如先验知识、研发投入、组织结构、组织文化、企业规模、个人吸收能力等；外部影响因素如企业所处的外部知识环境。

综观国外学者研究可见，国外学者主要从个人层面、组织层面、组织间层面对吸收能力的影响因素进行研究，如图 2.1 所示。

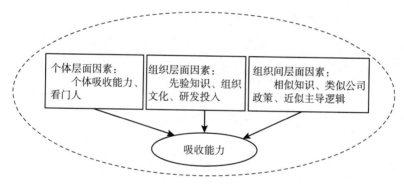

图 2.1　吸收能力影响因素的三个层面

国内学者对吸收能力影响因素的研究大多是建立在对国外文献整理和归纳的基础上。例如，刘常勇和谢洪明（2003）认为先验知识、研发投入、组织学习强度、组织学习方法是影响企业吸收外界知识的主要因素。崔志、于渤和崔崑（2008）的实证研究也表明先验知识、内部知识管理因素、研发投入、内部人力资本及外部社会资本这五个因素对吸收能力有重要的影响作用；李西垚、张晓炜和刘衡（2009）研究了外包中影响代工企业吸收能力的因素，研究表明：代工企业自身的先验知识、组织学习的意愿和能力、外包合作方的信任水平和沟通程度、研发投入状况等与代工企业的吸收能力密切相关。樊利钧、林枫和徐金发等（2009）从个体层面（如个体认知、先验知识）、企业层面（如研发投入、组织结构、企业战略、整合能力）、企业间层面（相似知识、类似公司政策、主导逻辑相似性）三个层面对吸收能力的影响因素进行综述。

以上学者对吸收能力影响因素的研究涉及组织内部和组织外部两个层面，但对吸收能力的测量却是单维度的，不利于深入分析以过程为导向的吸收能力不同维度与企业内外部资源之间的关系。随着国内学者对吸收能力研究的深入，研究者们开始注意到吸收能力是个多维度的概念，各维度之间相互联系，并且影响吸收能力各维度的因素也会有所区别。

陈劲、蒋子军和陈钰芬（2011）对开放式创新视角下企业知识吸收能力的影响因素进行归纳和实证研究后发现，影响潜在吸收能力的最关键因素是社会资本的结构维度，而影响实际吸收能力的主要因素是社会资本的关系维度及外部知识属性。杨昆（2011）实证分析了社会资本对吸收能力的影响，研究结果表明外部社会资本（外部社会互动、基于认知的信任与共同语言）正向影响潜在吸收能力，内部社会资本（内部社会互动、基于情感的信任与共同的愿景）正向影响实际吸收能力。吕一博和赵漪博（2014）利用扎根理论分析了后发复杂产品系统制造企业吸收能力的影响因素，研究发现，先前知识和经验、知识源属性和创新网络影响潜在吸收能力，而研发投入、内部组织管理、个体学习、组织学习机制因素则影响实际吸收能力。

综上所述，深入研究吸收能力不同维度与企业内外部资源的关系已成为一种发展趋势。虽然目前国内学者已开始对吸收能力不同维度的影响因素进行研究，但还存在一些不足：一方面，缺乏针对中国特定企业吸收能力各维度影响因素的研究，特定企业由于与外部联接度、内部组织系统的区别，影响其吸收能力各维度的因素也会有所区别；另一方面，目前对吸收能力各维度影响因素的研究，大多基于问卷调研通过统计软件分析得到结果，尚缺乏统计分析上的中国企业案例分析研究，因此，结合中国特定企业的实际情况，将实证分析与案例研究结合起来深入分析吸收能力不同维度的影响因素变得十分必要。

2.1.3.2　吸收能力的后效变量

吸收能力对于组织的重要性，不仅在于知识的稀缺性，而且也贯穿获取、消化、转化和利用新知识的整个过程。Cohen 和 Levinthal（1989，1990，1994）认为吸收能力不仅有助于创新绩效的提高，而且可以有效预测未来。Teece，Pisano 和 Shuen（1997）认为较强的吸收能力有助于克服知识隐性带来的转移困难。Szulanski（1996）认为企业吸收能力越强，对外界知识价值的识别能力越强，则越有利于企业获取有潜在利用价值的外部知识。Liao，Welsch 和 Stoica（2003）认识吸收能力可以增强组织柔性，有助于组织适应能力和组织反应能力的提高。国外学者研究的吸收能力的后效变量可用表 2.5 概括。

表 2.5　　　　　　　　　　吸收能力的后效变量

作用维度	具体表现	研究者
创新、创新绩效	新产品开发、研发产出、开发利用	Cohen 和 Levinthal（1990）；Tsai（2001）；Van den Bosch；Volberda 和 Boer（1999）
竞争优势	财务绩效、创业	Tsai（2001）；Zahra 和 George（2002）
知识转移	外部知识获取、知识在组织间转移、组织间学习	Szulanski（1996）；Lyles 和 Salk（1996）；Kim（1998）；Lane 和 Lubatkin（1998）；Teece，Pisano 和 Shuen（1997）
组织柔性	组织适应能力、组织反应能力	Lewin 和 Volberda（1999）；Liao 等（2003）
预期	产业预期	Cohen 和 Levtinhal（1994）

资料来源：在王暄（2007）基础上整理修改。

我国学者也对吸收能力的后效变量进行了研究，宁东玲和卢启程

（2008）从理论上阐述了吸收能力的组织产出包括三个方面：技术创新、知识转移和创新绩效。张韬（2009）的实证研究发现影响企业竞争优势形成的两个重要因素是吸收能力和创新能力，其中吸收能力不仅直接影响竞争优势，而且还通过创新能力间接影响竞争优势。肖志雄（2011）实证研究了吸收能力与服务代理企业的服务创新绩效之间的关系，研究表明两者之间存在正向影响关系。周文光（2013）的研究发现，吸收能力与创新绩效的关系是不确定的，知识产权风险在两者之间具有调节作用，如知识产权风险较低，则吸收能力对创新绩效有正向影响作用；如知识产权风险较高，则吸收能力对创新绩效有反向影响作用。

综合国内外学者的观点可见，吸收能力对组织的作用影响是多方面的，主要表现在创新绩效的提高、未来趋势的预测、知识在组织内部及组织间的有效转移等。林东清（2005）基于知识管理的视角，较全面地概括了吸收能力对组织绩效的影响，如图 2.2 所示。

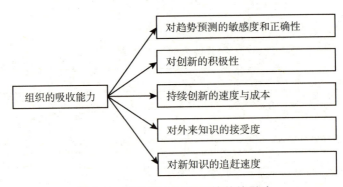

图 2.2　吸收能力对组织绩效的影响

资料来源：林东清（2005）。

此外，林东清（2005）还类似于熊彼特（1942）的创新型毁灭过程（the process of creative destruction）提出了吸收能力的负面自我增强循环（self-reinforing）模型，如图 2.3 所示。

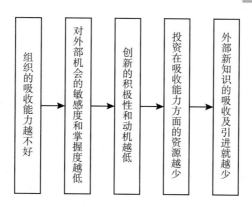

图 2.3　吸收能力的负面自我增强循环模型

资料来源：林东清（2005）。

吸收能力的负面自我增强循环模型从另一角度阐述了吸收能力在组织中的重要性，该模型表明组织的吸收能力越低，对外部机会的敏感度和掌握度就越低，从而影响企业的创新积极性和在吸收能力提升方面的投资，最终影响企业对外部知识的吸收引进，形成恶性循环。

2.1.4　吸收能力研究简评

随着国内外学者对吸收能力研究的深入，吸收能力已成为创新理论、组织与战略管理理论研究的热点，取得了较为丰富的研究成果，但作为一种新兴的理论，还存在很多需要改进和充实的地方，体现在以下几点：

（1）吸收能力定义的界定及维度划分仍尚未统一。经过二十余年的发展，吸收能力理论取得了较为丰富的研究成果，但目前国内外学术界对吸收能力定义的界定及维度划分仍尚未统一。虽然大多数学者都认同吸收能力是组织处理外部知识的能力，但在具体的定义和维度划分上仍然存在较大差异。以 Cohen 和 Levinthal（1990）为代表的学者认为吸收能力是企业单方面的内在学习能力，是一种绝对能力，而以 Zahra 和

George（2002）为代表的学者认为对吸收能力的研究应注意到它的关系维度，忽略了关系维度则吸收能力就失去其研究价值。因此对目前吸收能力的内涵及构成维度进行辨析变得十分必要。

（2）吸收能力不同维度的影响因素分析尚缺乏理论研究与实证验证。随着吸收能力研究的深入，越来越多的学者关注到吸收能力的关系维度，并认为应置于组织间的网络关系研究吸收能力，并且开始注意到企业内外部资源会对吸收能力的不同维度产生不同的影响，然而目前尚缺乏这方面系统的理论研究与实证验证，特别是针对特定企业。特定企业由于与外部连接度、内部组织系统的区别，影响其吸收能力各维度的因素也会有所区别。

（3）忽略了外部环境对吸收能力的影响研究。此外，较少有学者从企业外部关注吸收能力的提升问题。然而现有研究过于关注如何从企业内部来提升吸收能力，而忽略了外部环境对吸收能力的影响作用。实际上，能力的提升应从企业内部和外部两个层面系统研究（Easterby - Smith et al.，2008），既要关注如何积累企业内在能力，更要关注如何通过"师徒制"向外部组织学习。特别在当前合作创新背景下，企业如何利用合作创新的群体优势，培育自身吸收能力、提高竞争优势是一个亟须解决的问题。

基于以上原因，本书选题"产学研合作企业吸收能力提升研究"，将在现有研究的基础上，提出企业吸收能力提升的内在机理，并对影响吸收能力的组织内外因素进行系统的理论研究与实证验证，并在此基础上，研究企业如何利用产学研合作的群体优势提升吸收能力实现合作绩效。

2.2

产学研合作理论文献综述

目前学术界对产学研合作的研究已取得了十分丰富的研究成果，这些研究大多集中于产学研合作的内涵、产学研合作模式、产学研合作理论基础、产学研合作绩效的影响因素等诸多方面。基于本书研究需要，本书主要从产学研合作的内涵、产学研合作中企业的动机、产学研合作中存在的障碍、产学研合作模式及合作绩效等几个方面进行综述。

2.2.1　产学研合作的内涵

20世纪50年代以来，"硅谷模式"的诞生和成功在全世界范围内引起了一股产学研合作的热潮，并引起了各国政府的普遍关注。产学研合作在国外称为 industry-university collaboration，industry-university interaction，industry-university links，government-university-industry，state-industry-university，a triple helix of university-industry-government relations，等等。在我国与产学研合作表述相近的词包括：产学研结合、产学研合作、校企合作、官产学研联合等等，就字面上看这些词语强调了不同的合作主体，但其中"产"与"学"是最基本的两大合作主体，"产"（industry），是生产与服务的提供者；"学"（university），是知识与技术的提供者。在此基础上，不同学者增加了"研""官""用"等主体。

目前国内外学者基于不同的研究视角，对产学研合作的内涵尚未形成统一的认识，表2.6是目前学术界较有代表性的产学研合作部分定义。

表2.6　　　　　　　　有代表性的产学研合作部分定义

研究者	研究视角	定义
连燕华和马晓光（2001）	知识交流视角	企业与高等院校之间进行的各种知识或技术交流活动，其中高校是知识或技术的提供者，企业是知识或技术的需求者
Aokimasahi H（2002）	战略协同视角	企业与高等院校为了提升各自的潜能，通过相互影响、相互作用产生协同效应
朱桂龙和彭有福（2003）；吴潍和陈莉平（2007）	社会网络视角	企业、高等院校和科研院所以网络组织的形式运作，通过各主体间的资源共享、知识转移和技术扩散实现资源的优化配置

研究者	研究视角	定义
徐烨彪和徐凤菊（2004）；姚威（2009）	知识转移视角	企业、高等院校与科研机构为实现创新活动，不断进行知识传递、知识消化、知识转移、知识创造等非线性的复杂活动
辛爱芳（2004）	资源整合视角	为实现技术创新，企业、高等院校和科研院所对各自拥有的人力、资本、技术等优势资源进行协同整合
王宏起等（2006）；许观玉（2007）	战略联盟视角	为实现战略目标，企业、高等院校和科研机构基于风险共担、利益共享的原则对各自援用的资源进行整合

资料来源：在何泽军（2012）基础上整理修改。

综合以上观点，基于本书研究目的，借鉴徐烨彪和徐凤菊（2004）、吴洁（2007）、姚威（2009）的定义，基于知识转移的视角，本书认为产学研合作是异质性组织间的合作，是企业为实现创新活动，不断识别、获取高校和科研机构传递的有潜在利用价值的新知识，并进行消化及商业化应用的复杂性活动过程，其中高校和科研机构为知识转移方，企业为知识接受方。

2.2.2 产学研合作企业动机研究

动机是指行为主体为满足某种需要而产生的动力，动机反映了行为主体的目的和出发点。企业加入产学研合作的目的不同，从而导致了加入产学研合作的动机具有多重性。Perkmann 等（2011）概括性地介绍了企业加入产学研合作的动机，例如，获取高校和科研机构的异质性资源（知识、技术）、提高解决问题的能力、加入特定的网络组织，获取政府的研发资金、增强企业声誉等多个方面。目前，学术界基于不同的研究理论对企业加入产学研合作的动机进行了不同的解释，主要包括资源互补理论、交易成本理论、组织学习理论和社会网络理论。

2.2.2.1　资源互补理论

在当前开放式创新背景下，任何企业都必须通过与外部组织的有效合作以获取合作组织的稀缺资源以便快速实现创新。企业和高校是两类具有互补性创新资源的异质性组织，企业掌握着市场需求知识，并且具有产业化生产能力，但缺乏自主创新所需要的基础前沿知识，而高校拥有较先进的基础知识和科技人员，但却难以将基础知识进行商业化应用，产学研合作可使企业与高校实现创新资源互补。资源互补理论认为，企业参与产学研合作的最主要目的是为了获取高校和科研机构的互补性知识和技术资源。Geisle（1995）认为，企业和高校是异质性组织，双方进行合作的主要目的是为了寻求异质性资源的互补。Nohria 和 Garcia – Pont（1991）认为企业加入产学研合作的最主要目的之一就是为了将不同组织拥有的异质性资源进行整合。鲁若愚（2002）认为企业与高校各自拥有的知识资源具有较强的相互依赖性或互补性，产学研合作为企业获得外部有潜在利用价值的知识提供了来源。Santoro 和 Gopalakrishnan（2001）研究发现企业加入产学研合作的最主要目的就在于获取对方的互补性资源，企业迫切希望通过合作获得高校与科研院所的人力资本、研发能力及提高企业的社会声誉。

2.2.2.2　交易成本理论

随着科学技术的发展，企业创新所需要的知识迅速增加，与此同时，创新所面临的不确定性风险也迅速增加。交易成本理论认为，企业通过加入产学研合作，可以获取高校与科研机构的创新知识，降低交易成本及不确定性风险。Shachar 和 Zuscovitch（1990）认为企业通过参与产学研合作，可以获得高校与科研院所的知识技术、研发能力等隐性知识资本，可以有效降低创新活动的不确定性并减少创新成本。Mowery（1998）认为产学研合作可以使企业获得高校与科研院所的知识溢出收益，降低技术研发成本等。苏敬勤（1999）将产学研合作的交易成本分为沟通成本、谈判成本、履约成本和其他成本，并将企业与高校和科研院所的结合模式分为内部化模式、外部化模式、半内部化模式，认为内部化模式及外部化模式可降低企业的交易成本费用。赵兰香和乐慧兰（2002）运用制度经济学理论，认为企业无论采取何种方式参与产学研合作，主要是看是否节约了交易成本。Eom 和 Lee（2010）的实证研究也表明，分担风险与降低成本是韩国企业加入产学研合作的主要动机。

2.2.2.3　组织学习理论

组织学习理论认为企业的本质是知识的集合，企业拥有的知识及组织学习程度是影响企业竞争优势的关键变量，而组织学习能力（Hamel，1991）、组织吸收能力（Cohen & Levinthal，1990）、应用新知识能力（Nonaka & Takeuchi，1995）是影响组织学习程度的三个方面。Hamel（1991），Teece 和 Pisano（1994）等人从组织学习理论认为企业参加产学研合作的最主要动力就是尽可能多地吸收合作伙伴的知识。Hazlett 和 Carayannis（1998）的研究也发现，企业通过产学研合作可以获取相关前沿的研究成果，获得更多的组织学习机会。产学研合作作为异质性知识资源的合作，企业加入产学研合作的最主要目的就是学习和创造知识，特别是通过合作学习和吸收合作组织的隐性知识（朱学彦，2009）。当企业参加产学研合作的主要目标是组织学习时，为了获取更多的知识尤其是对创新起关键作用的隐性知识，企业就会增加与高校、科研机构的沟通交流，提高知识共享程度（秦玮，2014）。

2.2.2.4　社会网络理论

社会网络理论认为企业并不是孤立存在的，它处于社会网络环境中，社会网络内的组织通过联结关系，相互作用、相互影响，分享知识与资源。Gulati（1998）认为处于网络关系中的企业可以获取更多知识与经验，有更多的机会接近市场获取利益。焦俊和李垣（2008）基于社会网络理论认为，加入合作网络对知识的获取特别重要。Tsai（2001）

认为合作网络为提高组织创新能力，促进组织间学习和知识转移提供了机会和有效途径。稽登科（2006）认为，网络关系对创新绩效的影响有三个方面：第一，有利于网络内成员共享技术资源；第二，竞合关系有利于技术创新绩效的提高；第三，互补关系有利于技术创新绩效的提高。

纵观现有研究，虽然国内外学者从交易成本、资源互补、组织学习、社会网络多角度研究产学研合作中企业的动机，但大多数学者普遍认为产学研合作有利于企业获取合作网络中有利用价值的知识，通过合作网络中的知识转移共享网络中的知识，从而提高创新绩效。因此本书认为企业加入产学研合作的动机主要是为了获取、吸收合作网络中的异质性知识资源，减少研发成本，提高创新绩效。

2.2.3 产学研合作模式

产学研合作模式是产学研合作主体如企业、高校与科研机构合作资源的投入方式以及合作利益的分配方案，是合作关系的制度安排。产学研合作模式的选择是由具体的经济环境和双方的博弈规则决定的，并不存在绝对的最佳模式。就笔者目前文献检索结果来看，研究者们由于对产学研合作模式分类依据不同，导致产学研合作模式的分类相差甚远。OECD 依据合作方式和合作程度不同将产学研合作模式分为参与政府共同研究计划、一般性研究支持、契约型研究、研发联盟、非正式合作研究、共同研究中心。穆荣平和赵兰香（1998）提出了两种划分产学研合作模式的方法，基于合作的发起者不同可分为政府组织型、企业拉动型及大学与科研院所推进型三种；基于合作者间契约关系的不同又可分为技术转让型、委托开发型、联合开发型与共建实体型。王章豹（2000）依据合作目标不同将产学研合作模式分为：以培养高素质人才为目标的人才培养型合作模式；以提高合作各方创新能力为目标的研究开发型合作模式；以开发生产科技含量高、附加价值大的科技新产品为目标的生产经营型合作模式；以既培养人才，又提高创新能力，同时获取经济效益多目标的主体综合性合作模式。原长弘（2005）依据合作契约关系将产学研合作模式分为联合开发型、技术转让型、委托开发型、共建实体型，依据合作发起者又将产学研合作模式分为大学与研究所推进型、企业拉动型、政府组织型三种模式。吴思静和赵顺龙（2010）基于知识流动的角度，将产学研合作模式分为知识转移型、知识共享型和知识创造型三种模式。Annamdria Inzelt（2004）的研究按照合作双方的嵌入程度将产学研合作模式划分为18种模式，他的分类简而易懂地几乎概括了目前产学研合作的所有模式，如表2.7所示。

表2.7　　　　　　　　　　产学研合作模式分类

合作模式	水平层次
1. 在大学中为企业的员工进行有针对性的培训	个人之间的
2. 在大学中为企业职员开办讲座	
3. 企业为大学师生提供实习机会	
4. 通过专业联盟集会、论坛等方式进行非正式的交流	
5. 购买大学的研究成果（专利）	
6. 聘请老师为企业长期顾问	组织之间的
7. 大学对企业员工进行培训	
8. 企业员工来大学进修	
9. 校企联合发表论文和出版物	
10. 校企联合培养博硕士研究生	
11. 共享知识产权	
12. 共享研究设备	
13. 企业对大学进行投资	有制度保障的
14 企业定期获得大学的研究成果	
15. 签订了正式合同的委托研发	
16. 联合研发项目	
17. 建立从大学到企业的永久知识流	
18. 通过合作成立企业的溢出效应产生知识流	

资料来源：Annamdria Inzelt（2004）；邓颖翔（2011）。

2.2.4 产学研合作绩效的测量

产学研合作绩效是指企业、高校与科研机构合作一段时间后对合作效果是否满意的指标测量，可以使用财务或非财务指标测量。对产学研合作绩效的测量有利于合作主体监测合作状况，修改合作中存在的问题，以最终达到良好的合作效果。综合而言，可以使用客观指标法和主观指标法对产学研合作绩效进行测量。客观（objective）指标法主要是使用客观财务数据对合作绩效进行测量，如新产品销售额、新产品销售率、新产品市场占有率、专利数等。主观（subjective）指标法认为合作绩效很难通过客观的财务指标进行评价，采用侧重于认知结果的主观判断对合作的期望和实际成果进行评价可能更为合适。

使用客观指标测量法的学者如 Santoro（2000）利用在合作中产出的论文数量、专利数量以及新产品和新工艺的数量来衡量产学研合作绩效。Zahra 和 George（2002）采用了四个客观指标对合作绩效进行测量：投入市场的新产品数、专利数、净利润率和研发中的新产品数。叶伟巍和兰建平（2009）则使用新产品开发速度、新产品销售率、新产品开发成本、专利申请和行业标准数合作创新项目成功率这五个指标来测量产学研合作创新绩效。

使用主观指标测量法的学者如 Mora Valentin 等（2004）使用合作的满意度和合作关系的持续性两个主观维度对产学研合作绩效进行测量，并开发了相应的测量量表。Philbin（1997）使用"2×3"矩阵中的六个维度对产学研合作绩效进行测量，"2"是指知识分享与创造、合作附加值两个维度，"3"是指与技术、合作项目管理和社会三个维度。邓颖翔和朱桂龙（2009）依据 Philbin（1997）的论述从知识共享与创造和合作的附加价值两个方面开发了一套测量中国产学研合作绩效的量表。谢志宇（2007）使用财务绩效、技术创新绩效、技术需求方满意度、技术转移方满意度四个主观指标对产学研合作绩效进行测量。何泽军（2012）使用合作双方建立了平等互利的长久关系、合作双方达到了各自目标，企业获得了新的技术成果、合作双方都学习到了相关的技能和专长、合作提高了企业销售收入，增强了市场竞争力四个主观题项测量产学研合作绩效。尽管有些学者认为使用客观指标法测量产学研合作绩效可能更为客观，使用主观测量方法可能会高估合作绩效，但在客观指标缺乏的前提条件下，使用多重指标的主观测量可能是一个可靠的方法。

2.2.5 产学研合作研究简评

本书从产学研合作的内涵、产学研合作企业的动机、产学研合作模式及合作绩效的测量几个方面对产学研合作的相关研究进行综述，可以得出以下结论：

（1）产学研合作研究内容丰富，理论基础多样。目前产学研合作研究几乎运用了组织间合作研究的所有理论，如资源基础理论、交易成本理论、组织学习理论、社会网络理论。研究的内容几乎涵盖了所有方面，如内涵、动因、合作障碍、合作模式、合作绩效及其影响因素等等。

（2）研究方法有理论研究与实证研究。在合作动因、合作模式方面多采用理论研究；而涉及合作绩效的多采用实证研究，如回归分析或结构方程模型。

（3）产学研合作对合作主体的外在影响效应研究有待深入。现有研究较少关注产学研合作对高校、企业等合作主体的外在影响效应，而过多的研究集中在产学研合作中的资源互补效应、交易成本效应及组织学习效应等。

基于以上原因，本书将重点关注产学研合作对企业吸收能力的影响效应，进而提出产学研合作企业吸收能力提升的对策建议。

2. 3

产学研合作与吸收能力的关系简述

目前直接研究产学研合作与企业吸收能力的关系的文献相对较少，基于研究需要，本书对产学研合作与企业能力、组织间合作与企业吸收能力的关系进行综述。

2.3.1　产学研合作与企业能力的关系研究

企业能力涵盖的范围较广，包括创新能力、技术能力、动态能力、吸收能力、关系能力等多种类型，目前较多研究集中在产学研合作与创新能力、产学研合作与动态能力之间的关系研究。

2.3.1.1　企业能力理论的演变

企业能力理论最早起源于 Adam Smith 的劳动分工理论，劳动分工论认为生产过程可以被分解为若干个简单工序，分工能大幅度地提高企业的生产效率，从而使企业获得竞争优势。企业能力理论主要说明企业能力的异质性是造成企业竞争优势的关键因素，以便更好地说明企业竞争优势的源泉及如何获取可持续竞争优势。到 20 世纪 80 年代，企业能力理论慢慢走向成熟。依据时间顺序先后经历了基于资源的企业能力理论（Wernerfelt，1984；Barney，1986）、核心能力理论（Prahalad & Hamel，1990；Lenard – Barton，1992）、动态能力理论（Teece & Pisano，1994），最后趋向基于知识管理的企业能力理论（Nonaka，1994；Simonin，1999）。

（1）基于资源的企业能力理论。Lippman 和 Rumelt（1982）最早提出基于资源的企业能力理论，并由 Wernerfelt（1984），Barney（1986）等人发展。该理论的核心观点为，企业拥有的特殊资源对企业竞争优势有主要的决定作用。所谓的特殊资源是指有价值的（valuable）、稀缺的

（rare）、不可模仿的（inimitable）和不可替代（non-substitute）的资源，简称VRIN资源，这些特殊资源具有异质性，在企业间的分布是不均匀的，不易流动的，而正是这些分布不均匀的、不易流动的异质性资源形成了企业竞争优势的来源。然而基于资源的企业能力理论忽略了对现有资源的整合利用和对新资源的开发利用，而过于强调利用现有的独特资源来获取竞争优势。

（2）核心能力理论。核心能力这一概念由Prahalad和Hamel（1990）首次提出并将其定义为"组织如何协调不同生产技能和有机整合多种技术流派的积累性学识"，这些积累性学识是竞争对手难以模仿的，具有持久性。他们认为，企业的竞争优势不是单纯地来源于企业所拥有的特殊资源，而应是企业各种资源、不同生产技能、多种技术流派的有机组合。进一步地，Prahalad和Hamel（1990）认为企业对产品成本和质量的控制是短期竞争优势的来源，而企业只有积累、开发和运用核心能力才能获取长期可持续性竞争优势。然而核心能力只有在静态的、相对稳定的环境中才给企业带来长期竞争优势。当外部环境动态变化时，核心能力可能会由于"能力刚性"使竞争优势转变为竞争劣势。

（3）动态能力理论。基于资源的企业能力理论与核心能力理论都无法解释为什么一些曾经成功的企业在外部环境发生变化后苦苦挣扎走向失败，而另一些企业却能迅速做出反应成就辉煌。Teece和Pisano（1994）认为企业能力的作用应考虑到外部环境的动态变化，企业能力应是企业适应、整合和重组企业内外部各种资源、不同生产技能、多种技术流派来适应外部动态环境变化，获取可持续竞争优势的能力。Teece，Pisano和Shuen（1997）正式提出动态能力，并认为动态能力可以适应外部动态环境的快速变化，是企业整合、构建、重组各种内外部资源和能力的能力，包括组织程序、所处位置和演进路径这三个关键性要素。这些以独特性资源、不同生产技能和组织惯例为基础的动态能力，已经嵌入了大量的独特的隐性知识，这些隐性知识是其他企业无法复制，只能通过长时间的组织学习和知识积累而逐步建立。动态能力理论提出后，学者们认为动态能力才是企业竞争优势的源泉。

（4）基于知识管理的企业能力理论。知识已经成为企业最具战略重要性的资源（Nonaka，1994；Simonin，1999）。Grant（1996）认为，企业的竞争优势来源于员工拥有的专业知识，企业产生新知识和创新的能力，以及推进创新的战略行为。Leonard – Barton（1995）认为，企业新知识的产生或来源于内部知识与外部知识的整合，或内部研究发现。Drucker（1999）、Hoopes 和 Postrel（1999）认为，企业创造、扩散和运用知识的能力在很大程度上决定了企业开发、维护、培育竞争优势的能力。可见，随着知识管理研究的深入，知识管理已替代特殊资源、核心能力、动态能力成为企业竞争优势的主要来源。基于知识管理的企业能力理论认为，企业所拥有的知识资源具有异质性、不可复制性，是组织经过长时间知识学习和知识积累形成的，企业可以从这些异质性的知识资源中获取经济租金，提高竞争力。企业能力的差异主要表现为创造知识和利用知识的差异，而这些差异形成了企业竞争优势。

表 2.8 对不同企业能力理论的理论基础、研究者、核心概念、理论要点进行了概括。

表2.8　　　　　　　　　　　　企业能力理论

理论基础	研究者	核心概念	理论要点
基于资源的企业能力理论	Wernerfelt（1984）；Barney（1986，1991）	资源获取资源选择	企业是异质性资源的集合，企业所拥有的有价值的、稀缺性的、不易模仿的、难以替代的异质性资源决定了企业的竞争优势
核心能力理论	Prahalad 和 Hamel（1990）	核心能力	核心能力的作用在于能够协调各种内外部资源、多种生产技能和整合多种技术流派。积累、开发与运用核心能力进行产品或服务创新能够使企业获取竞争优势

理论基础	研究者	核心概念	理论要点
动态能力理论	Teece 和 Pisano（1994）	资源整合 资源重组	动态能力是整合、构建、重组创新资源的能力，通过提升和改造企业的核心能力去应对快速变化的外部环境可以使企业获得持续的竞争优势
基于知识管理的企业能力理论	Nonaka，Takeuchi 和 Umemoto（1996）	知识获取 知识整合 知识协调	企业能力具有知识专有性，企业创造和应用知识的能力可以使企业获取与维持长期竞争优势

资料来源：在 Heimeriks（2004），何泽军（2012）基础上整理修改。

2.3.1.2　产学研合作与企业能力之间的关系

一些学者早已认识到合作创新特别是产学研合作是企业获取外部知识进行知识学习、知识资源累积及培育企业能力的重要途径。Lngham 和 Mothe（1998）研究表明，影响企业知识学习效果的重要因素是企业内部的部门间及合作伙伴间的信任水平。姚威（2009）认为产学研合作创新是企业有效获取外部知识的重要机制，产学研合作创新中的知识创造可以提升企业的动态能力。魏景柱、刘晶和林向义（2010）指出通过产学研合作，可快速提升企业的自主创新能力，进而提高企业的核心竞争力。惠青和邹艳（2010）将产学研合作创新网络分为网络结构和网络关系两个维度，并认为产学研合作创新网络的两个维度通过知识整合促进了技术创新，从而提升了企业的核心竞争力。何泽军（2012）实证研究了产学研合作因素对动态能力提升的影响，其结果显示企业能力基础、合作关系、资源依赖与内部支持因素对动态能力的影响作用比较显著，而文化协同对动态能力的影响作用并不显著。原长弘、章芬和姚建军等（2015）运用单案例研究了政产学研用协同创新机制，并探索了协同创新系统提升企业自主创新能力的机理。詹雯婷、章熙春和胡军燕（2015）运用单案例验证了产学研合作对双元性技术能力的影响，并认为互补型产学研合作提升技术能力的广度，辅助型产学研合作提升技术能力的深度。

综上所述，目前较多研究探讨产学研合作与创新能力、技术能力、动态能力之间的关系，而关于产学研合作与吸收能力关系的研究较少，特别是产学研合作组织间层面因素对吸收能力的影响研究更是稀少。基于此，本书探讨产学研合作组织间层面因素对吸收能力的影响，进而为我国产学研合作企业提升吸收能力提供对策建议。

2.3.2 组织间合作与吸收能力的关系研究

2.3.2.1 吸收能力在组织间合作中的地位

在企业创新过程中，对外部知识资源的获取利用是非常关键的。企业大多数创新来源于"借"而不是"发明"（March & Simon，1958）。企业的吸收能力越高，对外部知识环境的掌握程度就越高，就越有机会"借"外部合作组织的知识，将其吸收到企业内部并进行商业化应用。企业吸收能力越高，企业获取外部组织技术知识的能力就越强（Gambardella，1992）。Levinson 和 Asahi（1995）也指出不论是在组织内部还是组织之间，吸收能力都是重要的影响成分，随着吸收能力的提升，组织获取消化利用外部新知识的能力增强，进而有利于组织学习。Tsai（2001）的研究也得出相似的结论，企业吸收能力越高，获取消化外部新知识的能力就越强，则能更好地在技术创新活动中运用获取到的外部知识。Muscio（2007）的研究发现企业是否进行产学研合作在很大程度上受吸收能力水平的影响，相对于吸收能力低的企业，吸收能力强的企业可能更倾向于合作。Kodama（2008）通过对日本企业的研究发现，企业的吸收能力越强，越有利于增强企业对外部知识获取的有效性，进而提高合作创新的绩效。Giuliani 和 Arza（2009）的研究同样认为吸收能力强的企业更愿意进行产学研合作，因为它们由于具有更好的识别和获取外部有潜在利用价值知识的能力。我国部分学者也研究了吸收能力对产学研合作的影响，潘杰义、李燕和詹美求（2006）等认为吸收能力是影响知识转移效果最重要的因素，其在很大程度上决定着企业—高校知识联盟的整体绩效，甚至影响到新知识获取后企业组织行为的变化和组织绩效的提高。秦玮和徐飞（2010）认为企业对产学研合作模式的选择在很大程度上受吸收能力水平的影响，并认为依据吸收能力水平的高、中、低，企业应采用依赖型产学研合作模式、紧密型产学研合作模式、松散型产学研合作模式。谢园园、梅姝娥和仲伟俊（2011）通过对2008年江苏省229家创新型企业实证研究，证明了企业吸收能力对产学研合作行为的发生有显著的正向影响作用。樊霞、赵丹萍和何悦（2012）通过对广东省产学研合作企业的研究也发现企业吸收能力对产学研合作创新效率有重要的影响。陈光华、梁嘉明和杨国梁（2014）实证分析表明了以企业研发人员比重度量的企业吸收能力对产学研创新绩效具有显著的正向影响作用。

综上可见，国内外学者普遍认同吸收能力在组织间合作中发挥着重要的作用，其在很大程度上影响企业进行外部合作的意愿，影响合作绩效。

2.3.2.2 组织间合作对吸收能力的影响

吸收能力在组织间合作中发挥着重要的作用，反过来，组织间合作也影响到吸收能力。Van 和 Polley（1992）指出合作中存在的各种矛盾和冲突不利于吸收能力的提升，因此合作各方应加强沟通。Bowman 和 Hurry（1993）认为合作创新有利于合作各方提高自身的吸收能力。George 等（2001）认为当企业参与或保持多种方式的联盟关系时，有助于企业吸收能力的提高，促进企业创新和财务绩效提高。Dyer 和 Singh（1998）提出了类似于"相对吸收能力"的"特定伙伴吸收能力"概念，将其定义为"企业对特定联盟伙伴知识的消化吸收能力"，联盟伙伴知识基础的重叠程度和互动惯例的发展程度是影响特定联盟伙伴吸收能力的两个主要因素。Lubatki，Florin 和 Lane（2001）等指出在合作创新中影响吸收能力的因素主要有三个：一是合作伙伴知识基础的重叠程度；二是合作伙伴组织措施的相似程度；三是合作伙伴组织结构的相似程度。

部分国外学者研究了国际联盟这一具体组织间合作形式对吸收能力的影响。Lane 和 Lubatkin（1998）基于"师徒制"的双边关系提出了相对吸收能力的概念，并认为吸收能力不是绝对的内在能力，会随着外部知识环境的变化而相对变化。Lane，Salk 和 Lyles（2001）在研究国际合资企业吸收母公司知识的问题时，分析了影响相对吸收能力的三个主要因素：一是企业对母公司提供的知识熟悉程度；二是企业与母公司之间具有兼容的规范与价值观；三是企业与母公司之间具有相似的运营重心或支配性逻辑（dominant logics）。Lyles 和 Salk（2007）在研究国际合资企业知识转移时，认为适用性机制和结构性机制是影响吸收能力的两个主要因素，适用性机制是指子公司的学习能力和明确的学习目标；结构性机制是指母公司对子公司在技术和管理上提供的协助，母公司对子公司提供的技术培训等。此外母子公司之间的文化冲突也会影响到吸收能力的水平。

我国部分学者研究了开放式创新环境下社会资本对吸收能力的影响。韦影（2007）认为企业在创新过程中需要从联盟伙伴、供应商、竞争对手及行业协会等外部组织获取创新所需要的异质性知识，并实证分析了社会资本的三个维度对吸收能力的影响，并认为结构纬度、关系纬度通过认识纬度作用于吸收能力，因此企业可通过开放的心态加强与外部组织的各种联系、提高企业内外的信任度，共享语言及价值观，由此有更多获取和利用外部知识的机会，提升吸收能力。唐丽艳（2014）通过对大连市 156 家在孵企业的问卷调查也发现，社会资本的结构维、关系维、认识维对吸收能力均有正向影响。肖志雄（2011）则通过实证研究分析了服务代理企业知识吸收能力的影响因素，并得出结论：知识距离、组织制度及知识冗余与知识吸收能力呈显著正相关关系，而信任关系及发展模式与知识吸收能力的关系不显著。

2.3.3 产学研合作与吸收能力的关系简评

本书从产学研合作与企业能力的关系、组织间合作与吸收能力的关系对产学研合作与吸收能力的关系进行综述，可以得到以下结论：

（1）产学研合作是提升企业能力的重要途径。现有文献资料表明产学研合作是培育企业能力的重要途径，通过产学研合作，企业可以不断提升企业能力。

（2）吸收能力对组织间合作有重要的影响。现有的文献资料中研究吸收能力在组织间合作中的地位较多，并且大多数学者通过实证研究都证实了吸收能力对合作绩效有正向影响，也有部分学者研究了吸收能力对具体的组织间合作形式（产学研合作）中合作模式、合作行为、合作绩效的影响。

（3）组织间合作会影响吸收能力的提升。组织间合作对吸收能力的影响也较为丰富，但目前研究较多为国际联盟这一具体组织间合作形式对吸收能力的影响，而对产学研合作这一具体组织间合作形式如何影响吸收能力的研究甚少。对特定企业（产学研合作企业）吸收能力的子维度如何细分，产学研合作中组织间层面因素对吸收能力不同维度的影响如何，与通常研究者关注的吸收能力有什么不同等许多问题需要进一步深入研究。

2.4

本章小结

本章首先系统地梳理了吸收能力的相关文献，详细地对目前吸收能力的概念、维度以及前因后果进行了概括性区别及简评。其次，通过对国内外文献检索重点分析了产学研合作的概念、企业加入产学研合作的动因、产学研合作模式及合作绩效的测量。最后，对产学研合作与企业能力之间的关系、组织间合作与吸收能力之间的关系进行系统探讨，以便追溯出目前产学研合作和吸收能力的关系研究。本章已经对相关研究进行了简评，在此把目前有待解决的问题简要地总结一下。当前有待深入研究的问题主要体现在以下三个方面：

（1）对吸收能力的内涵与维度划分进行辨析。国内外众多学者基于不同的研究视角对吸收能力的内涵和维度进行探讨，导致吸收能力的内涵和维度划分纷乱复杂，因此有必要对吸收能力的内涵与维度划分进行辨析，追踪出吸收能力研究的新热点。

（2）从组织内部和外部探讨吸收能力不同维度的影响因素。吸收能力影响因素的研究众多，但目前缺乏组织内外因素对吸收能力不同维度的影响研究，特别是产学研合作这一具体组织间因素对吸收能力的影响。

（3）探讨特定组织间关系对吸收能力的影响作用。国内外部分学者探讨了吸收能力与产学研合作的关系，但到目前为止这些研究大多基于实证分析研究吸收能力对产学研合作绩效的影响，而对产学研合作这一特定组织间关系如何影响吸收能力，还亟须更多的研究进行探讨。

第3章

产学研合作企业吸收能力
提升的一般分析框架

吸收能力理论在西方国家率先提出，由于翻译的局限和语言的习惯，对关键概念翻译、理解和界定不统一，有时存在很大差异，同时不同的研究视角和不同的研究层次对概念的界定和理解也会带来一定的差异。Lane 和 Pathak（2006）认为目前阻碍吸收能力研究的最主要因素是吸收能力概念的不统一，因此概念界定是深入研究的基础，本部分在前文文献综述的基础上，对研究的相关概念加以诠释和界定。同时，由于国内学术界对吸收能力理论的研究尚处于起步阶段，研究体系和研究框架尚未建立，鉴于此，本书尝试构建产学研合作企业吸收能力提升的一般分析框架，包括研究的起点和基础、研究的主体内容、研究的最终目的和归宿等，力图构建一个有血有肉的研究框架，一方面作为本书的研究起点，为后续各章节的展开进行铺垫，另一方面也为今后研究搭建一个理论轮廓。

3. 1
吸收能力的理论基础与演变

3.1.1　吸收能力的理论基础

随着吸收能力理论研究的深入，吸收能力的研究视角正从静态研究向动态研究转变，学者们越来越关注外部知识环境与吸收能力之间的动态演变关系（Lichtenthaler，2009；Flatten et al.，2011；Datta，2011），这为吸收能力的研究开辟了新的天地。吸收能力研究从静态研究向动态研究转变的过程中借鉴了同时期出现的社会认知理论、行为演化理论、动态能力理论、组织学习理论等，并与这些理论相互借鉴、相互融合，这些理论也成为吸收能力的理论基础。

3.1.1.1　社会认知理论

所谓社会认知就是人们如何根据记忆和使用社会信息来做出判断和决定。社会认知理论认为，人们对社会情境的知觉（perception）与加工的过程决定了人的行为。美国心理学家 Bandura 在其 1986 年出版的《社会认知论》一书中，系统地概括了社会认知理论的内涵和思想。社会认知理论认为认知决定行为，同时个体行为会随着外部环境因素与个体认知的变化而发生变化，该理论强调了个体对外部环境的认知解释、个体的主观能动性对个体行为的决定作用。目前该理论被广泛运用于社会科学理论中组织研究领域，用来解释个体和群体的认知结构如何影响行为，显示了很强的生命力。

Akgün 和 Lynn（2006）将社会认知过程概括为获取信息、实施信息、分发信息、记忆、忘却、思考、智力、灵感、意化等几个具有不同但又相关的特征属性，换句话说，社会认知过程就是获取、处理和利用外部信息的过程。Bower 和 Hilgard（1981）的研究发现当个体记忆中存储了较多的知识时，与存储中相关的外部新知识就越容易被个体识别、获取、消化和利用。Lindsay 和 Norman（1997）同样认为个体很难理解与存储中不相关的新知识，这些不相关的新知识即使被个体获取也很难保证被有效利用。社会认知理论较好地解释了个体和群体认知特别是个体和群体的学习行为（Fallard – Poesi，1998）。

Cohen 和 Levinthal（1989）基于社会认知的角度认为吸收能力是建立在员工个体认知基础上的，具有知识累积性和路径依赖性，当员工个体具备相关知识，组织就更容易识别、消化与之相关的外部新知识，并能有效利用新知识。Nooteboom 等（2007）的研究也表明，吸收能力强的企业可以更好地识别、获取外部有潜在利用价值的新知识，并能有效地商业化应用这些新知识，提升企业绩效。Cohen 和 Levinthal（1990）基于社会认知的角度构建了吸收能力模型（见图 3.1），该模型指出吸收能力具有识别、消化和应用三个维度，企业的先验知识和经验会影响到吸收能力，收益独占性起调节作用，吸收能力影响到创新绩效。由于吸收能力是建立在员工个体先验知识之上的，具有知识累积性和路径依赖性，然而路径依赖性会导致企业在吸收外部知识时处于锁定状态，不利于吸收更具有价值的非相关知识，从而使企业失去一些创新机会，所以企业可以采取人才引进、企业并购等有效措施丰富企业现有的知识结构，扩大吸收能力的范围。

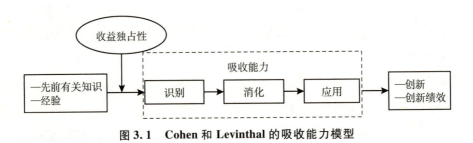

图 3.1　Cohen 和 Levinthal 的吸收能力模型

资料来源：Cohen 和 Levinthal（1990）。

　　然而，在该模型中，Cohen 和 Levinthal（1990）并没有对吸收能力的识别、消化、应用三个维度的内在关系进一步深入研究，而是使用研发/销售收入这一静态指标作为替代变量来测量吸收能力；对知识吸收过程进行分析时也将知识吸收过程看成是一个单环（single-loop）而不是双环的学习过程。

3.1.1.2　行为演化理论

　　行为演化理论认为企业通过把现有的知识存储在组织惯例中（企业现有能力），并在市场竞争中积累新的知识搜寻新的惯例（企业未来能力），要了解企业未来具有什么能力必须先了解企业现在具有什么能力。知识的吸收过程即获取、消化、转化、应用过程是不断循环、动态演化的，企业首先要在外部环境中识别获取有潜在利用价值的新知识，理解消化后转化成企业内在知识，并与原有知识融合产生新的知识进行商业化应用，实现知识价值。深入探索知识吸收的动态演化过程有助于理解知识吸收与组织各个层面之间的关系，进而理解知识吸收各个环节的影响因素。只有详细地分析和探索知识吸收的动态过程，才能有效地将企业内外部知识资源进行协调匹配并商业化应用，获取长期竞争优势。

可见吸收能力不是一成不变的，而是不断积累、不断循环演化的过程，会随着外部知识环境的变化而变化，同时受企业先验知识和现有吸收能力的影响。Van den Bosch 等（1999）基于行为演化理论指出了企业知识吸收过程不是一个单环的学习过程，而是不断重复、螺旋上升的动态演化过程。在微观层面上企业先验知识学习影响到吸收能力，吸收能力又反馈影响到企业的知识学习，从而形成知识学习—吸收能力的行为演化过程；在宏观层面上企业外部知识环境影响到吸收能力，吸收能力又反馈影响到企业的外部知识环境，从而形成知识环境—吸收能力的行为演化过程。企业新的吸收能力的形成是在原有吸收能力的基础上积累更多的新知识形成的，是一个不断循环演化的过程。Van den Bosch 等（1999）基于行为演化理论构建的吸收能力模型如图 3.2 所示。

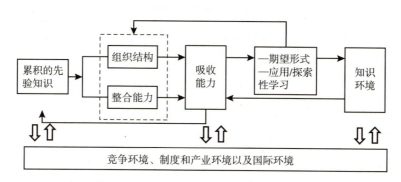

图 3.2　Van den Bosch 的吸收能力模型

资料来源：Van den Bosch 等（1999）。

该模型分析了知识吸收过程的动态反馈循环过程，根据这个过程可以探索企业微观层面、外部环境宏观层面与吸收能力水平变化的循环关系。然而该模型过于强调企业微观层面中组织结构和整合能力对吸收能力的重要性，而忽略了其他因素，如企业文化、内部沟通机制等，且在分析过程中把吸收能力看成单一维度。

3.1.1.3 动态能力理论

当动态变化的外部环境中，由于"相对黏性"，企业传统的核心能力可能会成为企业发展过程中的障碍（Teece，Pisano & Shuen，1997）。核心能力的"相对黏性"使企业很难适应新的环境，而陷入"能力陷阱"（Lieberman & Montgomery，1988），过去的核心能力可能会成为企业现在或未来发展的"能力陷阱"，影响动态环境中企业的绩效和成长（Teece，Pisano & Shuen，1997；Eisenhardt & Martin，2000），因此及时地获取、消化外部动态环境中有利用价值的新知识，突破"能力陷阱"，将外部知识转化为内部知识，并创新出新知识与新产品是企业获取持续竞争优势的关键。Teece 和 Pisano 于 1994 年最早提出动态能力理论，他们认为动态能力是企业为适应外部动态变化的环境，对企业的内外部资源进行整合、建立和重组的能力。动态能力理论的假设前提是组织的动态能力能够使组织适应快速变化的环境，感知和把握新的市场机会、重新配置市场资源，保护现有知识资产、能力和技术以实现持续竞争优势（Teece，1998）。企业在既定的路径依赖、现有的市场定位下，要适应不断变换的外部环境，就要通过知识的更新，取得能够使企业具备创新性的持续学习能力。Zollo 和 Winter（2002）认为动态能力是组织惯例和流程，经验和隐性知识积累、知识表述和编码对动态能力起着重要作用。动态能力强调企业要获取长期竞争优势；就必须根据外部环境的变化，获取外部有潜在利用价值的资源，并对企业内外部资源进行整合。从本质上来说，动态能力是企业不断整合内外部资源以适应外部动态变化的环境过程，它以动态惯性为基础，集合组织现有的潜在的创新能力。

在充满不确定性和竞争性的外部环境中，动态能力理论强调企业要持续不断地培育、开发、利用和扬弃现有的内在知识，通过不断地获取、消化、转化与利用外部新知识获得持续的竞争优势，进而形成企业的持续竞争力。根据动态能力理论的观点，外部知识环境充满不确定性，变动速度较快，企业必须突破现有路径的约束，才能够快速获取、消化外部对自己有潜在利用价值的知识，并将之与企业内部现有知识整合，创造出新知识与新产品以获取持续竞争优势。根据组织内部资源状况和外部环境变化，将组织的知识、资源、战略等整合起来并重新配置和修正，以适应外部环境变化的需求，获取企业的持续竞争优势，这是动态能力理论所追求的结果。

Zahra 和 George（2002）基于动态能力理论认为吸收能力是一系列组织惯例和流程，它的形成实际上是企业根据外部知识环境的变化获取、消化有潜在利用价值的知识，并将外部知识与企业内部原有知识进行整合转化，创新出新知识并进行商业化应用的过程，这种对外部知识的获取、消化、转化与应用可保持企业的持续竞争优势。吸收能力能够帮助企业不断扬弃旧知识、吸收新知识，取得持续的竞争优势。Zahra 和 George（2002）基于动态能力理论提出的吸收能力模型如图 3.3 所示。

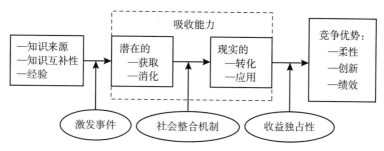

图 3.3 Zahra 和 George 的吸收能力模型

资料来源：Zahra 和 George（2002）。

该模型与以往模型最重要的区别在于：前人将吸收能力作为静态变量进行测量，而 Zahra 和 George（2002）将吸收能力作为嵌入组织惯例与流程的动态能力，并用获取、消化、转换、应用四个过程实证测量吸收能力的动态性，突出了吸收能力的动态性并揭示了企业的知识来源和先验经验是如何通过吸收能力创造竞争优势的。然而该模型的不足之处在于，虽然将社会整合机制划分为三个维度：协调能力、系统能力、社会化能力，但并没有对这三个维度在潜在吸收能力与实际吸收能力之间的调节作用进行深入分析。

3.1.1.4　组织学习理论

Argris 等（1978）提出"组织学习"的概念后，大量学者对组织学习进行了深入系统的研究，取得了丰富的研究成果。组织学习是指组织获取、转移、创造知识并进而改变自身行为绩效的活动，有利于强化组织获取和应用外部知识的能力。March（1991）将组织学习分为探索性学习（exploration learning）和利用性学习（exploitation learning），其中利用性学习主要包括对现有产品和技术进行改进、提升企业生产效率等活动，强调对现有知识的开发利用；而探索性学习强调组织对新知识和未知领域主动进行探索，它包括开发新的技术、研发新的产品、提升管理柔性、持续创新等活动。对企业来说，需要均衡探索性学习能力和利用性学习能力，因为过于关注利用性学习能力可能会使企业陷入"能力陷阱"（competence trap）（Ahuja & Katila，2001），而过于关注探索性学习能力无法使企业获取短期收益。因此，二者之间的平衡是一个重要的理论和现实问题。

目前 March（1991）的组织学习观点得到大多数学者的认同，即利用性学习能力就是对现有知识加以改进运用的学习能力，探索性能力就是对新知识和未知领域的学习和探索能力（Baum，2000a）。基于组织学习的角度，吸收能力实质上是组织知识学习的过程，知识是改变能力的基础，组织在不断的学习和获取知识的过程中逐步演化和发展。Kim

（1998）认为吸收能力是组织学习的函数，会影响到组织探索性学习和利用性学习，高吸收能力使得组织内部高效的行事方式能够有效进行，而低吸收能力是组织僵化的主要原因。Lane 和 Pathak（2006）基于组织学习视角深入细致地分析了企业吸收知识的过程，认为吸收能力应具有学习的过程导向，其将吸收能力分为探索性学习、转化性学习、利用性学习三个维度。第一个学习过程是探索性学习，即识别与获取外部新知识，对企业现有知识进行更新。第二个学习过程是转化性学习，即企业将获取的新知识与现有知识进行融合，转化成新的内部知识，转化性学习分为个体层面和组织层面，在个体层面上，员工个体通过将现有知识与新知识关联而产生新的内部知识；在组织层面上，知识需要在组织内部之间传递与共享，以最终将获取的外部知识转化为内部知识。第三个学习过程是利用性学习，即对吸收的新知识进行商业化应用，创造出新产品和新技术。Lane 和 Pathak（2006）基于组织学习的吸收能力模型如图 3.4 所示。

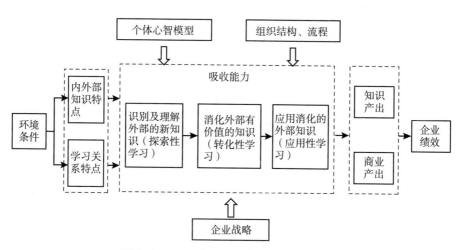

图 3.4 Lane 和 Pathak 的吸收能力模型

资料来源：Lane 和 Pathak（2006）。

Lane 和 Pathak（2006）认为，企业内外部环境都会影响到吸收能力，外部影响因素如产业环境、知识环境；合作伙伴间知识的相似性、战略的匹配性；显性知识、隐性知识等知识本身的特征；内部影响因素如员工个体的心智模式、组织结构和流程、企业战略。该模型与以往模型的显著区别在于认为吸收能力并不会直接影响企业绩效，而是通过知识产出和商业产出最终影响到企业绩效的。

综合研究发现，由于不同学者对吸收能力关注的侧重点不同，运用的理论基础不同从而导致他们对吸收能力的概念、前因及后果变量的理解也存在一定的分歧，表3.1对目前吸收能力的经典分析模型进行了概括性区别。

表 3.1 目前吸收能力的经典分析模型区别

学者	Cohen 和 Levinthal	Van den Bosch 等	Zahra 和 George	Lane 和 Pathak
理论基础	社会认知理论	行为演化理论	动态能力理论	组织学习理论
维度划分	识别、消化、应用	无	获取、消化、转化、应用	探索性学习、转化性学习、应用性学习
前因变量	先前有关知识、经验	组织结构、整合能力	知识来源、经验	内外部知识特点、学习特点
后果变量	创新、创新绩效	期望形式	竞争优势	知识产出、商业产出
权变量	收益独占性	环境、制度	社会整合机制、激发事件、收益独占性	个体的心智模式、组织结构、流程和战略
研究侧重点	知识应用	反馈机制	知识转化	学习平衡

3.1.2 吸收能力研究思路的演变

自 Cohen 和 Levinthal（1989，1990，1994）对吸收能力理论进行开创性研究以来的二十多年，吸收能力理论迅速成为创新理论、组织管理理论研究的热点。随着国内外学者对吸收能力研究的深入，其研究思路也逐渐发生变化。

（1）从绝对吸收能力到相对吸收能力的演变。Cohen 和 Levinthal（1989，1990，1994）对吸收能力进行了开创性系统研究，并将其定义为"识别、消化及商业化应用外部新知识的能力"。然而早期的以 Cohen 和 Levinthal（1990）为代表的学者在进行吸收能力研究时，将吸收能力看作是一种绝对吸收能力（absolute absorptive capacity），是企业的内在学习能力，是单方面的，主要受企业内部先验知识的影响，而忽略了吸收能力中的关系维度，并使用研发/销售收入这一静态变量对吸收能力进行单一维度的测量。在吸收能力后续的相关研究中，Lane 和 Lubatkin（1998）、Dyer 和 Singh（1998）、Lane，Salk 和 Lyles（2001）、Zahra 和 George（2002）开始注意到吸收能力的关系维度，并基于组织间层面探讨相对吸收能力（relative absorptive capacity）的前因后果。他们认为知识吸收活动应该置于组织间的网络关系中，吸收能力一旦脱离了组织间的网络关系，就退化为企业内部能力而丧失其研究意义。Zahra 和 George（2002）基于关系维度将吸收能力分为潜在吸收能力和实际吸收能力，其中潜在吸收能力是获取和消化外部知识的能力，实际吸收能力是对外部知识进行转化和商业化应用的能力。Yeoh（2009）在研究影响知识转移成功的因素时认为，吸收能力具有多层面属性，其中潜在吸收能力是跨组织层面的能力，主要受组织外部环境因素的影响；实际吸收能力是组织层面的能力，主要受组织内部因素的影响。可见，吸收能力是个多维度的概念，其中潜在吸收能力强调关系维度，是企业对外部新知识的获取与消化能力，主要从组织间层面进行讨论；而实际吸收能力是企业内在的对知识转化及应用的能力，主要从组织层面进行讨论。

（2）从社会认知理论到动态能力理论的演变。早期的学者（Cohen & Levinthal，1990）基于社会认识的角度认为，吸收能力是建立在员工个体认知基础上的，当员工个体具备相关知识时，组织就更容易识别、消化与之相关的外部新知识，并能对新知识进行有效利用。因此，吸收能力主要受先验知识（pior knowledge）的影响，具有知识累积性和路径依赖性。但后来的学者（Zahar & George，2002；Jansen & Volberda，2005；Lane & Pathak，2006）根据动态能力理论的观点，认为外部知识环境充满不确定性，知识更新速度较快，企业必须突破现有路径的约束，才能够快速获取、消化外部对自己有潜在利用价值的新知识，并与现有知识整合转化为企业内部知识，创造出新知识与新产品以获取持续竞争优势。根据动态能力观点，企业应根据组织内部状况和外部变化，将组织的知识、资源、战略等整合起来并重新配置和修正，以适应外部环境变化的需求，获取企业的持续竞争优势。可见，后期的学者越来越关注吸收能力与外部知识环境的动态演进。

（3）从组织学习到跨组织学习的演变。March（1991）将组织学习分为利用性学习和探索性学习，利用性学习强调对现有知识的开发和利用；而探索性学习注重对新知识的学习和未知领域的探索。企业为实现短期收益可能过多关注利用性学习，从而陷入"能力陷阱"；企业为实现长期收益就应该进行探索性学习，对现有的知识进行更新，但这样又无法获取短期收益。因此，组织需要根据不同阶段的发展目标均衡利用性学习和探索性学习两者之间的关系。一些学者（Kim，1998；Lane & Pathak，2006；）基于组织学习的角度，认为吸收能力实质上一个组织学习过程，知识是改变能力的基础，组织在不断的学习和获取知识的过程中逐步演化和发展。随着吸收能力理论的发展，学者们开始注意到企业在外部知识网络中占据的位置对于其发挥自身吸收能力具有非常重要的作用，随着知识更新速度的加快，创新已经扩大到了组织间学习网络，不再局限于单个企业（Powell，1996；Tsia，2001）。图3.5清晰地描述了吸收能力研究思路的演变。

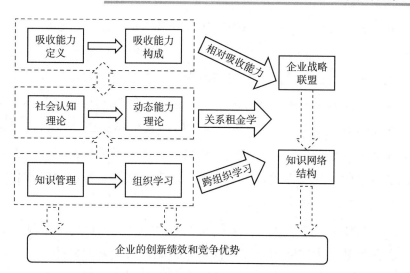

图 3.5　吸收能力研究思路的演变

资料来源：在尤建新等（2012）基础上整理修改。

3.1.3　理论延伸与本书研究思路

根据对现有文献资料系统的分析，追踪吸收能力理论研究思路的演变，可以探索到吸收能力理论新的研究主题，那就是相对吸收能力、动态能力与组织间学习。在当前开放式创新经济背景下，企业应根据"师徒制"的双边关系来构建针对特定吸收对象的相对吸收能力，而不仅仅是内在的绝对吸收能力的培养；在外部知识环境快速变化的今天，企业若想适应外部动态变化的知识环境，那么就需要有效整合企业内外部知识资源，而通过合作创新进行组织间学习是提升吸收能力、保持竞争优势的绝佳途径。

在上述研究的基础上，一个自然的理论延伸便是，企业为了保持竞争优势，需要同时关注组织内外部因素对吸收能力不同维度的影响。本书认为，外部知识环境在很大程度上影响着潜在吸收能力。在不同的外部知识环境中，知识的载体不同、传输路径不同，这些差异会影响企业获取、消化外部知识的效果。因此本研究选取产学研合作企业为特定研究对象，研究产学研合作知识环境对潜在吸收能力的影响。

此外，对吸收能力的研究既要关注组织外部因素对吸收能力关系维度的影响，也要关注组织内部因素对吸收能力内在维度的影响。近十年来吸收能力影响因素研究的重点是组织内部管理机制（Jansen & Volberda，2005），其中，讨论最为频繁的因素包括组织结构、沟通机制、企业文化（Ko & King，2005），因为这些因素影响到知识在企业内部流动和共享的路径和方式。因此，本书还将研究在组织内部管理机制对实际吸收能力的影响。

此外，本书还将关注吸收能力不同维度之间的关系，即潜在吸收能力如何转化为实际吸收能力以实现企业创新绩效的最优化。

3. 2
相关概念的界定与演变

自 Cohen 和 Levinthal（1989）对吸收能力进行开创性定义以来，后续的众多研究者对吸收能力的内涵进行了扩展。从 Cohen 和 Levinthal（1989）的关注先验知识的静态视角到 Zahar 和 George（2002）关注关系维度的动态视角，从 Kim（1998）关注组织学习到 Tsai（2001）关注跨组织学习，这些学者的观点丰富并完善了吸收能力的内涵，也使吸收能力的研究扩展到了一个新的研究高度。

3.2.1 绝对吸收能力与相对吸收能力

在上章文献综述中，本书已对众多研究者关于吸收能力的内涵进行了阐述，如开创性地对吸收能力进行了经典定义"识别、消化及对外部新知识商业化应用的能力"。Cohen 和 Levinthal（1989）的研究中强调了研发投入的重要性，他们认为研发投入不仅产生创新，而且还开发了吸收能力，吸收能力是研发投入的副产品。Kim（1998）认为吸收能力就是"学习并解决问题的能力"。可见，早期以 Cohen 和 Levinthal（1990）为代表的学者在进行吸收能力研究时，将吸收能力看作是企业的内部学习能力，是单方面的，主要受组织自身的先验知识影响，它是一种绝对吸收能力。这种研究强调吸收能力是企业的一种内在能力，而忽略了吸收能力中的关系维度。

在吸收能力后续的相关研究中，Lane 和 Lubatkin（1998）、Dyer 和 Singh（1998）、Lane，Salk 和 Lyles（2001）、Zahra 和 George（2002）开始注意到吸收能力中的关系维度（relational dimension）。Lane 和 Lubatkin（1998）最先将吸收能力的研究扩展到一个更为广阔的关系视角，他们开始从组织间层面探讨相对吸收能力（relative absorptive capacity），并基于"师—徒"制的双边学习关系认为吸收能力不是绝对不变的，而是会随着"老师企业"的不同而相对的发生变化。"师—徒"企业知识基础的相似性、组织结构和薪酬政策的相似性、支配逻辑（Dominant Logics）的相似性会影响到"学生企业"的相对吸收能力。Lane，Salk 和 Lyles（2001）在研究国际合资企业知识吸收问题时进一步发展了相对吸收能力的概念，并认为吸收能力会随着外部知识环境的变化而相对发生变化，而不是绝对不变的。母子公司知识基础的相似性，母子公司兼容的价值观和规范、母子公司支配逻辑的相似性这三个因素会影响到子公司的相对吸收能力。Dyer 和 Singh（1998）提出的"特定伙伴专属性吸收能力"概念与相对吸收能力类似，他们认为企业应该要针对合作伙伴建立"特定伙伴专属性吸收能力"，而不仅仅是从自身因素出发考虑吸收能力的培养与提升。吸收能力是一种交换的重复过程，建立在社会性互动、合作过程及合作伙伴间关系的基础上，并由此创造出超额利润。伙伴开发的重叠的知识基础的程度和伙伴发展的互动惯例的程度是影响特定伙伴专属性吸收能力的主要因素。我国学者王雎和罗珉（2008）基于组织间合作关系的角度提出了类似于相对吸收能力的关系性吸收能力的概念，他们认为吸收能力是组织自身吸收能力与组织间对偶关系的函数，是一种关系性吸收能力，知识吸收活动应该置于组织间的互动关系中，忽略了组织间的互动合作关系，吸收能力就丧失了研究意义。

基于以上学者的观点可见，相对吸收能力是以互惠性为核心的合作组织间的对偶关系，合作组织双方知识基础的相似性、组织结构和补偿政策的相似性、支配逻辑的相似性是影响相对吸收能力的关键变量。相对吸收能力概念的提出，将吸收能力研究发展到一个新的高度。也告诉我们，对吸收能力的研究应该关注其内含的关系维度，吸收能力是一种嵌入于组织间互动合作关系的相对能力，是一种跨组织能力。

从绝对吸收能力向相对吸收能力的概念演化过程可以看到，吸收能力不再是一种内在的绝对能力，而是一种会随着"老师企业"不同而变化的相对能力，是一种跨组织能力。对吸收能力的研究不可忽略其内在的关系维度，可以用一个简单的函数关系对吸收能力进行描述，吸收能力 = f(自身吸收能力，组织间合作关系)。组织间的合作关系促进了吸收能力的发展，也使合作组织获得了超额利润。但是我们也发现，以上学者在研究绝对吸收能力与相对吸收能力时，将这两种吸收能力给绝对地割裂开来，随着吸收能力理论的发展，后来的学者开始将这两种吸收能力融合在一起进行研究。

3.2.2 潜在吸收能力与实际吸收能力

在吸收能力的后续研究中，除 Lane 和 Lubatkin（1998）、Dyer 和 Singh（1998）、Lane，Salk 和 Lyles（2001）等学者注意到吸收能力的关系维度，并基于绝对吸收能力提出相对吸收能力的概念外，Zahra 和 George（2002）也较早的注意到吸收能力的关系维度，但他们并没有把相对吸收能力与绝对吸收能力割裂开来，而是将它们一起融合到吸收能力的整体概念中。Zahra 和 George（2002）首次把吸收能力划分为潜在吸收能力和实际吸收能力。具体而言，潜在吸收能力是企业获取和消化以其有潜在利用价值的外部新知识的能力；实际吸收能力是企业转化和商业化应用外部新知识的能力。对吸收能力的二类划分法具有里程碑意义，后续越来越多的学者在对吸收能力进行实证分析时遵从二类划分法。Yeoh（2009）遵从 Zahra 和 George（2002）对吸收能力的二类划分法，并认为吸收能力具有多层面属性，其中潜在吸收能力是跨组织层面的能力，实际吸收能力是组织内部层面的能力。综合以上学者观点可见，潜在吸收能力强调关系维度，是企业对外部新知识的获取与消化能力，主要从组织间层面进行讨论；而实际吸收能力是企业内在的对知识转化及应用的能力，主要从组织层面进行讨论。Volberda 等（2010）、Schildt 等（2011）认为潜在吸收能力（知识获取和知识消化能力）和实际吸收能力（知识转化和知识应用能力）二者相互独立且存在关系，实际吸收能力与潜在吸收能力两者的比率越大，企业的吸收能力越强。Fosfuri 和 Tribó（2008）描述了潜在吸收能力（potential absorptive capacity，PAC）和实际吸收能力（realized absorptive capacity，RAC）的不同层面及它们的区别与联系，如图 3.6 所示。可见，潜在吸收能力主要受组织外部环境的影响，是跨组织层面的能力；实际吸收能力主要受组织内部环境的影响，是组织内部层面的能力。潜在吸收能力与实际吸收能力两者相互独立且存在关系。

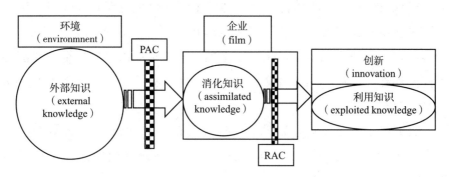

图 3.6　潜在吸收能力与实际吸收能力的界面

资料来源：Fosfuri 和 Tribó（2008）。

　　近年来我国学者在研究吸收能力的过程中，也越来越注重潜在吸收能力与实际吸收能力的区别，并开始分析组织内外部不同因素对潜在吸收能力与实际吸收能力的影响。阎海峰（2009）的实证研究表明吸收能力在智力资本与组织创新中起完全中介作用，智力资本影响潜在吸收能力，实际吸收能力影响组织创新，内部社会资本在吸收能力的两个维度间起调节作用。杨昆（2011）分析了社会资本对吸收能力不同维度的影响，并认为外部社会资本（外部社会互动、基于认知的信任、共同语言）影响潜在吸收能力，内部社会资本（内部社会互动、基于情感的信任、共同愿景）影响实际吸收能力，知识内化在吸收能力的两个维度间起调节作用，实际吸收能力最终影响企业的创新绩效。宁东玲（2013）较为详细地从竞争优势、权变因素、组织学习类型、组织产出等多个方面对潜在吸收能力与实际吸收能力进行区分，并得出以下结论：第一，潜在吸收能力是知识的累积效应，侧重于对外部新知识的获取与消化；实际吸收能力是知识的应用效应，侧重转化与商业化应用外部新知识，实现知识价值。第二，社会整合机制和知识整合机制等权变变量能有效调节吸收能力两个维度的关系，提高两者的比例，从而显著提高吸收能力。第三，在组织学习方面，探索性学习有助于提升企业潜在吸收能力，而利用性学习有利于提高企业实际吸收能力。组织在发展过程中需要均衡探索性学习与利用性学习，如果组织仅仅关注探索性学习，结果无法将获得的外部新知识进行商业化应用；反之若仅强调利用性学习，则难以突破"能力陷阱"的困境。第四，在组织产出方面，企业应面对不同的外部知识环境，运用权变变量有效调节吸收能力的两个维度，从而最大化企业绩效。

　　综上所述，潜在吸收能力与实际吸收能力是吸收能力的两个组成部分，潜在吸收能力是跨组织能力，涉及企业对外部知识的积累；而实际吸收能力是组织层面的能力，涉及企业将积累知识与已有知识的融合应用。企业在培育吸收能力时，要同时关注吸收能力的两个维度。如果忽略实际吸收能力的培育，则企业无法将这些获取的有潜在利用价值的新知识转换为实际需要，反过来如果忽视潜在吸收能力的培育，则企业最终将陷入"能力陷阱"而无法突破。吸收能力的两个维度是相辅相成的，企业在面对不同的外部知识环境时，应注意组织内部管理机制在潜在吸收能力与实际吸收能力的调节作用，以最大化企业吸收能力带来的效益。

3.2.3　产学研合作企业吸收能力概念界定与维度划分

参照以上理论研究，本书将产学研合作企业吸收能力定义为：在产学研合作创新背景下，合作企业运用跨组织学习手段，获取和消化对创新具有重要作用的高校与科研机构的新知识，并不断将现有知识与已获取、消化的新知识整合、进行商业化应用。根据 Zahra 和 George（2002）对吸收能力的划分，本书将产学研合作企业吸收能力划分为潜在吸收能力和实际吸收能力两个维度，潜在吸收能力是获取和消化外部新知识的能力，主要受产学研合作组织间层面因素的影响，强调吸收能力与外部环境的关系维度；实际吸收能力是转化和商业化应用外部新知识的能力，主要受组织内部因素的影响。

3.3

吸收能力分析框架

3.3.1　吸收能力理论研究一般框架

范式（paradigm）即管理学的研究方法，最早由 Kunn（1962）在《科学革命的结构》（*The Structure of Scientific Revolutions*）一书中提出。Kunn（1962）认为，范式是指导科学家进行科学研究的世界观、理论和思维模式，是由某一科学界所公认的某项重大科学成就所产生。Ritzer（2004）认为范式是存在于某一科学研究领域中关于研究对象的基本意向，它可以用来界定研究什么、如何研究及研究应遵循的规则。吸收能力理论是管理学界新兴的研究领域，不同的研究者基于不同的研究对象和研究角度，使得研究较为混乱，吸收能力理论缺乏一个可以识别的共同框架。理论成长需要系统化、体系化的建构，当研究范畴上升到科学层面时，这个共同框架理论是不可缺少的。

受 Kunn（1962）范式理论的影响，管理科学领域的研究范式大致划分为以实证主义为基础的量化研究范式和以构建理论为中心的质化研究范式，两者都以揭示管理现象背后的内在本质和一般规律为目的。不同的是，实证研究侧重于归纳、思辨、提出假设和形成理论，具有内容上的主观性和表达上的随意性；理论研究侧重于工具应用和数据挖掘，通过可靠的数据和推导工具反映研究对象的规律。在管理学领域，企业管理理论研究范式也沿着 Kunn（1962）的范式革命演绎着，关于吸收能力理论研究在理论上的深层建构不足，又缺少量化分析的推理，理论界和实践界尚缺少一个普遍认可的研究范式和架构，本书尝试从理论和实证两个方面构建产学研合作企业吸收能力提升理论，同时在研究建构的基础上展开本书的研究。

框架理论是社会科学领域进行定性研究的一个重要观点，"框架"的概念源自 Bateson（1955），由 Goffman（1974）将这一概念应用到社会学的研究领域。Goffman（1974）认为框架是人们将社会的客观真实性转换为主观性思维观点的重要凭据，也就是认识主体对事件的主观解释与思考结构。关于框架从何而来，Goffman（1974）认为一方面来源于过去的经验，另一方面受到社会文化意识的影响。我国学者潘忠党（2002）认为框架分析是关于如何建构社会现实的一个研究领域。框架分析并不是一个完整的理论范式，它从属于话语分析的范畴。由于框架分析从属于话语分析的理论范畴，单独的框架分析并不是一个完备的理论体系，而纯粹的话语描述又缺乏结构上与逻辑上的联系，所以构架一个科学的理论范式和研究框架体系，既需要结构上呈现，又需要内容上的建构。

　　本书在理论分析的基础上，尝试提出中国情境下吸收能力理论的研究分析框架（如图 3.7 所示），该框架是沿着经验借鉴（文献梳理）、理论建构（理论分析和假设）以及研究归宿（理论验证和实践检验）的线索建立的，既注重逻辑关联，又不失理论的严谨性；既体现理论的规范性，又具有方法的多样性。可以为企业管理理论界确立吸收能力理论研究范式提供参考，也可以为企业管理实践构建产学研合作企业吸收能力提升提供一个系统而有可行性价值的全景图。

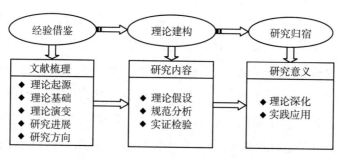

图 3.7　吸收能力理论研究一般框架

资料来源：在李俊华（2014）基础上整理修改。

3.3.2　产学研合作企业吸收能力提升的研究框架

　　随着吸收能力理论的深入研究，目前学术界已普遍认同吸收能力的二类划分（潜在吸收能力、实际吸收能力），但对如何提升潜在吸收能力和实际吸收能力，仍缺乏系统的理论研究与实证验证。科学地对吸收能力不同维度的提升机制进行研究，有利于提升创新绩效，构建企业竞争优势。

　　宁东玲（2013）在对潜在吸收能力和实际吸收能力进行科学区分时指出，这两者构建企业竞争优势的方式不同，潜在吸收能力反映了知识的积累效应，侧重企业根据外部知识环境的变化获取及消化外部有潜在利用价值的新知识，知识的积累有利于企业识别外部先进技术和发展机会；实际吸收能力反映了知识的应用效应，侧重消化后的外部新知识在内部的转化及商业化应用，通过知识创新获得行业主导地位。可见，潜在吸收能力和实际吸收能力的发展路径不同，则效应不同，科学地区分这两种能力有利于挖掘影响这两种能力提升的影响机制，也有利于深入构建企业竞争优势。

学者们基于组织层面与组织间层面、社会资本与知识来源等不同视角研究吸收能力不同维度的影响因素，但是，尚未形成统一的研究体系。Fosfuri 和 Tribó（2008）用图形形象地描述了潜在吸收能力和实际吸收能力的界面，并指出潜在吸收能力是连接组织内外部的桥梁，企业通过与外部知识源的交流互动不断获取有潜在利用价值的新知识，实现知识积累，积累的相关知识越多，越有利于企业更好地识别和获取外部新知识，提高潜在吸收能力。Yeoh（2009）认为潜在吸收能力和实际吸收能力是组织不同层面的能力，潜在吸收能力是跨组织层面的能力，影响潜在吸收能力的主要因素有知识、关系和制度三个方面。

可见，由于潜在吸收能力和实际吸收能力是组织不同层面的能力，因此，组织内外因素会对这两种能力产生不同的影响。潜在吸收能力是跨组织层面的能力，跨组织层面因素如组织间知识的相似性、关系紧密度等都会对潜在吸收能力产生影响；实际吸收能力是组织内部的能力，组织内部的管理因素如组织结构、沟通等对实际吸收能力具有调节作用。潜在吸收能力与实际吸收能力两者相互独立而又互相联系，实际吸收能力提升的基础是潜在吸收能力，潜在吸收能力只有最终转化为实际吸收能力才会对组织绩效产生最终的影响。

针对具体的产学研合作企业而言，企业与高校、科研机构等外部组织间的各种因素如知识相似性、关系紧密度、网络强度等都会影响到潜在吸收能力，而组织内的管理因素对实际吸收能力具有调节作用，从知识积累到知识应用最终对组织绩效产生影响。基于此，本书围绕"影响因素—能力转换—绩效"三位一体的线索来构造"产学研合作企业吸收能力提升的研究框架"（如图 3.8 所示）。

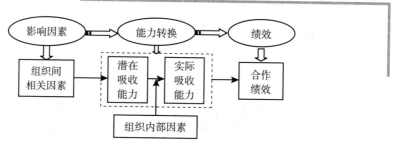

图 3.8　产学研合作企业吸收能力研究框架

该框架基于文献梳理和理论认证，分别从过程和组织层面，进行微观洞察和宏观俯瞰，围绕着组织内外因素对潜在吸收能力和实际吸收能力的影响及潜在吸收吸收能力向实际吸收能力的转换这两个核心过程，在两大过程的融合下，实现吸收能力对组织系统的功能贡献。这一研究框架为展开特定环境下的企业吸收能力研究提供了一个总体架构。

3.4

本章小结

本章首先分析了吸收能力理论的研究视角，并对吸收能力的经典分析模型进行比较分析，从吸收能力模型的演变可以发现外部知识环境对吸收能力的影响越来越受到重视，并且已经开始细分内外部不同知识环境对吸收能力不同维度的影响，并且注重吸收能力在组织机制中的支持；其次，辩证地区别了相对吸收能力与绝对吸收能力、潜在吸收能力与实际吸收能力的区别与联系，并由此得出吸收能力理论的演变路径，吸收能力的演变经历了从静态视角向动态视角、从内在能力向关系能力的转变；最后，基于以上研究提出了吸收能力研究的一般框架及产学研合作企业吸收能力提升的具体研究框架。

第 4 章

产学研合作企业吸收
能力提升的动态过程

产学研合作是指企业、高校与科研机构等异质性创新主体为实现技术创新所达成的契约安排，各创新主体由于拥有的知识资源具有异质性，知识势差的存在导致知识在创新主体间流动。由于高校与科研机构拥有更多的专门性科研人才及科学技术知识，因此在产学研合作过程中，知识主要从高校及科研机构持续而稳定地流向企业，并形成良好的反馈回路。可见，产学研合作的本质就是知识的流动，这些流动的知识为企业吸收外部新知识提供了有利的平台。根据 Zahra 和 Geroge（2002）的观点，吸收能力是动态能力，吸收能力的形成是知识自身演化和动态积累过程。本章首先根据演化博弈论推演出吸收能力在产学研合作中的重要性，然后基于动态能力理论和知识转换理论，探讨产学研合作企业吸收能力形成及其深化的内在机理。

4.1
吸收能力在产学研合作中的重要性

演化博弈理论（evolution game theory）起源于生物进化论，产生于行为生态学理论，该理论遵从生物进化论中"物竞天择，适者生存"的基本原则，通过动态演化分析成功地解释了"适者生存"的生物进化现象，并被广泛运用于分析社会习惯、制度的演化形成过程。Schumpeter

（1934）在对创新过程进行研究时，最早将演化博弈论运用于管理领域。演化博弈理论认为博弈参与方的感知认知能力有限，因此是有限理性的，即博弈参与方会在博弈过程中不断地学习、模仿和试错中寻找最优策略，此最优策略即为演化稳定策略（evolutionary stable strategy，ESS）。本部分运用演化博弈论思想分析研究产学研合作中博弈参与方的策略选择，并重点分析吸收能力在产学研合作博弈参与方策略选择中的重要作用。

4.1.1　产学研合作演化博弈模型构建

模型假设如下：

H1：企业与高校、科研机构（简称学研方）为实现资源共享、知识增值进行产学研合作。假设企业与学研方的主体行为是有限理性的，由于行为主体的感知认识能力有限，行为主体在获取和使用信息的过程中不可能做到准确无误，因此完全理性人是根本不存在的。

H2：模型共涉及两类博弈参与方：学研方与企业。在学研方与企业之间的动态演化博弈过程中，学研方有两种策略选择：合作和不合作；企业也有两种策略选择：合作和不合作。设学研方选择合作的概率为 x，则选择不合作的概率为 $1-x$；企业选择合作的概率为 y，则选择不合作的概率为 $1-y$，其中 x，$y\in[0,1]$。

H3：企业参与产学研合作的目的是为了获取学研方有利用价值的新知识，并转化为企业内部知识进行商业化应用。"知识"是可以量化的资源，设学研方选择合作策略时贡献的知识为 π，企业吸收能力为 β，则合作绩效为 βπ，即若学研方在一定时间内贡献知识 π 固定，则企业吸收能力 β 越强，合作绩效越大。合作双方绩效分配比例为 ∂，则学研方获取的合作收益为 ∂βπ，企业获取的合作收益为 $(1-\partial)\beta\pi$。

H4：在产学研合作过程中，学研方与企业还需投入一定的合作成本。其中学研方的合作成本（包括人力、物力及管理成本）为 c；企业的合作成本（包括人力、物力及管理成本）为 c_2。

基于上述假设，产学研合作的演化博弈支付矩阵如表4.1所示。

表4.1　　　　　　　　　　　　　　　支付矩阵

效用函数		企业	
		合作	不合作
学研方	合作	$\partial\beta\pi - c_1$, $(1-\partial)\beta\pi - c_2$	$-c$, 0
	不合作	0, $-c_2$	0, 0

根据表4.1可分别计算得到学研方与企业选择不同策略时的期望收益和平均收益，学研方的期望收益 U_{11}（合作）、U_{12}（不合作）和平均收益 U_1 可表示为：

$$U_{11} = y(\partial\beta\pi - c_1) + (1-y)(-c_1) \tag{4.1}$$

$$U_{12} = 0 \tag{4.2}$$

$$U_1 = xU_{11} \tag{4.3}$$

同理企业期望收益 U_{21}（合作）、U_{22}（不合作）和平均收益 U_2 可表示为：

$$U_{21} = x[(1-\partial)\beta\pi - c_2] + (1-x)(-c_2) \tag{4.4}$$

$$U_{22} = 0 \tag{4.5}$$

$$U_2 = yU_{21} \tag{4.6}$$

根据以上数学表达式分别构建学研方与产方的复制动态方程组：

$$F(x) = dx/dt = x(U_{11} - U_1) = x(1-x)(y\partial\beta\pi - c_1) \tag{4.7}$$

$$F(y) = dy/dt = y(U_{21} - U_2) = y(1-y)[x(1-\partial)\beta\pi - c_2] \tag{4.8}$$

用复制动态方程组描述产学研合作的演化过程，令 $F(x) = dx/dt = 0$、$F(y) = dy/dt = 0$，在 $x, y \in [0, 1]$ 的平面上，计算得到5个均衡点为 $O(0, 0)$、$A(1, 0)$、$B(0, 1)$、$C(1, 1)$、$D(x^*, y^*)$，其中 $x^* = c_2/(1-\partial)\beta\pi$，$y^* = c_1/\partial\beta\pi$。

4.1.2 产学研合作的动态演化过程

复制动态方程组得到的均衡点不一定是系统的演化稳定策略（ESS），根据 Frideman 的方法，可通过分析 Jacobian 矩阵的局部稳定性得到演化稳定策略，方程组的 Jacobian 矩阵可表示为：

$$J = \begin{bmatrix} dF(x)/dx & dF(x)/dy \\ dF(y)/dx & dF(y)/dy \end{bmatrix}$$

$$= \begin{bmatrix} (1-2x)(y\partial\beta\pi - c_1) & x(1-x)\partial\beta\pi \\ y(1-y)(1-\partial)\beta\pi & (1-2y)[x(1-\partial)\beta\pi - c_2] \end{bmatrix} \tag{4.9}$$

则有：

$$|J| = \begin{vmatrix} (1-2x)(y\partial\beta\pi - c_1) & x(1-x)\partial\beta\pi \\ y(1-y)(1-\partial)\beta\pi & (1-2y)[x(1-\partial)\beta\pi - c_2] \end{vmatrix} \tag{4.10}$$

可得矩阵 J 的迹为：

$$Tr(J) = (1-2x)(y\partial\beta\pi - c_1) + (1-2y)[x(1-\partial)\beta\pi - c_2] \tag{4.11}$$

只有当以下两个条件被同时满足时，均衡点将最终演化为稳定策略（ESS）：

条件1：$|J| > 0$；条件2：$Tr(J) < 0$。

根据 Jacobian 矩阵的局部稳定分析法对 5 个均衡点进行稳定性分析，由于 $x, y \in [0, 1]$，根据实际情况需增加约束条件，即 $\partial\beta\pi > c_1$ 且 $(1-\partial)\beta\pi > c_2$，表示只有当产学研合作各方获得的收益均大于所付出的成本时，双方才有进行合作的意愿。其演化稳定性结果如表4.2所示。

表4.2　　　　　　　　　局部均衡点的稳定性分析

均衡点	$|J|$	$Tr(J)$	均衡结果
O(0, 0)	+	−	ESS
A(1, 0)	+	+	不稳定点

均衡点	|J|	Tr(J)	均衡结果
B(0, 1)	+	+	不稳定点
C(1, 1)	+	−	ESS
D(x*, y*)	−		鞍点

表 4.2 中，A(1, 0) 和 B(0, 1) 是不稳定点，D(x*, y*) 是鞍点，O(0, 0) 和 C(1, 1) 是演化均衡点（ESS），此时系统有两个演化稳定策略：（不合作，不合作）；（合作，合作）。满足该条件的系统动态演化过程可用图 4.1 表示。

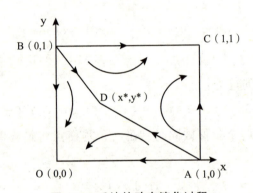

图 4.1　系统的动态演化过程

由图 4.1 可见，鞍点 D 与 A、B 两个不稳定点连成的折线是系统向不同策略演化的临界线，在 OADB 部分的初始点，系统最终的演化稳定均衡点（ESS）为 O(0, 0)，即（不合作，不合作）为最终的演化稳定均衡点，产学研合作最终以失败告终。在 ADBC 部分的初始点，系统最终的演化稳定均衡点（ESS）为 C(1, 1)，此时（合作，合作）为最终的演化稳定均衡点，产学研合作顺利进行，产学研合作双方实现双赢。图 4.1 还较清晰地显示了随着鞍点 D 的变化，博弈参与双方选择的策略也会发生变化。

4.1.3　吸收能力的作用分析

根据以上对产学研合作的动态博弈演化过程分析，我们发现只有当产学研合作双方获得的收益均大于成本时，即 $\partial\beta\pi > c_1$ 且 $(1-\partial)\beta\pi > c_2$，合作才能顺利进行，但此时系统仍有两个演化稳定均衡点（ESS）：$O(0, 0)$ 和 $C(1, 1)$（见图 4.1），那么系统究竟会收敛于哪一个均衡点还依赖于 OADB 和 ADBC 的面积大小。当 $S_{OADB} > S_{ADBC}$ 时，（不合作，不合作）的概率大于（合作，合作）的概率；依此类推，当 $S_{OADB} = S_{ADBC}$ 时，（不合作，不合作）的概率等于（合作，合作）的概率；当 $S_{OADB} < S_{ADBC}$ 时，（合作，合作）的概率大于（不合作，不合作）的概率。所以，要分析吸收能力对产学研合作的影响最重要的就是分析吸收能力对 S_{ADBC} 大小的影响。由图 4.1 可知，在鞍点 D 处：

$$x^* = c_2/(1-\partial)\beta\pi \qquad (4.12)$$

$$y^* = c_1/\partial\beta\pi \qquad (4.13)$$

由图 4.1 计算可得 ADBC 的面积为：

$$S_{ADBC} = 1 - 1/2\left[c_2/(1-\partial)\beta\pi + c_1/\partial\beta\pi\right] \qquad (4.14)$$

由式（4.14）可知影响 ADBC 面积的变量主要有以下几个：β（企业的吸收能力）；π（学研方贡献的知识）；c_1、c_2（学研方、企业进行合作时付出的成本）；∂（合作绩效分配比例）。

下面依次讨论这些参数变化对演化均衡策略的影响：第一，企业的吸收能力 β 越大，ADBC 面积越大，系统趋向于收敛点 $C(1, 1)$，此时系统的最终的演化均衡策略为（合作，合作），此时产学研合作可以顺利进行。企业吸收能力越大，获取消化学研方的知识越多，将新知识转化为内部知识并进行商业化应用带来的合作绩效越大，越有利于产学研合作的顺利进行。第二，学研贡献的知识 π 越多，ADBC 面积越大，系统趋向于收敛点 $C(1, 1)$，此时系统的最终演化均衡策略为（合作，合作）。第三，产学研合作双方投入的成本 c_1、c_2 越小，ADBC 面积越大，系统趋向于收敛点 C(1，1)，此时系统的最终的演化均衡策略为（合作，合作）。第四，合作绩效分配比例 ∂ 需公平，保证合作各方得到的收益大于成本，合作才会成为可能。由以上分析结果可见，在控制其他因素既定的情况下，企业吸收能力越强，合作绩效 $\beta\pi$ 越显著。这进一步说明，虽然我国产学研合作过程存在异质性组织目标不一样、异质性组织沟通障碍大等各种客观因素，但通过提升吸收能力能够弥补这些缺陷，进而提升合作绩效。可见，企业吸收能力的高低在很大程度上决定了产学研合作是否成功（袁静，2009）。

4.2 产学研合作企业吸收能力的动态提升过程

基于上一章吸收能力理论研究的演化来看，大部分学者都认同吸收能力是跨组织的动态学习过程。吸收能力不仅是一个促使企业可以广泛获取外部有新知识以满足内部知识需求的漏斗；还是一台将外部获取的新知识转化为企业内在知识的知识转换器，从而将外部知识和现有知识联系起来；更是一条高效率的知识应用管道，促使企业可以将转化的知识进行商业化应用，提升企业绩效。吸收能力本质上是企业获取消化外部有潜在利用价值的新知识，将自有知识与外部知识融合起来并加以商业化利用的跨组织动态学习过程。

4.2.1 隐性知识与显性知识

1958 年，英国物理化学家、哲学家 Polanyi 最早提出"隐性知识"（内隐知识、缄默知识、默会知识、隐含知识）的概念，并最早将人类的知识分为显性知识（explicit knowledge）和隐性知识（tacit knowledge）两种。显性知识是能被系统表述的，能以语言、文字等形式清楚表达，通常以产品外观、说明书、文件、公式和计算机程序等形式表现出来。隐性知识是不能被系统表述的，难以用语言、文字等形式清楚表达和沟通的知识，通常以个人经验、技术诀窍、风俗、组织文化等形式存在。相关资料表明，人类知识的 20% 是显性的，而人类知识的 80% 是隐藏在人的头脑中，难以向他人传递和表述。显性知识和隐性知识共同构成了人类知识体系的"冰山"，如图 4.2 所示。人类知识的大部分被隐藏在水面以下，难以被发觉，但却是人类财富的最主要源泉。知识管理中的一个重要观点，就是隐性知识往往比显性知识更宝贵、更能创造价值。"我们知道的东西要多于我们所能诉说的东西"（Polanyi，1966）。

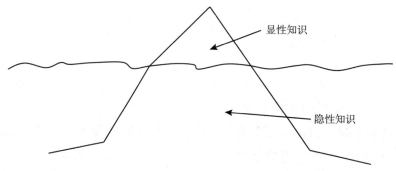

显性知识

隐性知识

图 4.2　人类知识体系的"冰山"示意图

资料来源：巢乃鹏（2000）。

根据 Polanyi 对知识的划分，日本著名管理学家 Nonaka 对显性知识与隐性知识的不同进行了简要的比较，如表 4.3 所示。

表 4.3　　　　　　　　　　　显性知识和隐性知识的区别

显性知识（客观倾向）	隐性知识（主观倾向）
理性知识（形而上）	经验知识（亲身参与）
非同步知识（知识是关于"彼时彼处"的过去事件或客观事实，而且趋向于与情境没有关联的理论导向）	同步知识（知识是在特定的、实践的场合下，在"此时此地"创造出来的）
数字知识	模拟知识

资料来源：野中郁次郎、竹内弘高（2006）。

作为两种不同的知识类型，显性知识与隐性知识各有其优缺点，如表4.4所示。

表4.4　　　　　　　　显性知识与隐性知识的优缺点

类型	优点	缺点
显性知识	·可以用图片、模型、文件等清楚地表达 ·方便复制与扩散传播 ·可以自动地储存及处理 ·可以分享及提供价值与模仿功能	·具有快速被淘汰的倾向 ·容易被盗取或模仿
隐性知识	·最有影响力 ·通过实务、经验获得 ·包含见识、情感、文化及价值观在内 ·不易盗取或模仿 ·最具有创新优势的资源	·不易正式性表达 ·不易沟通与分享

资料来源：陈柏村（2007）。

在产学研合作过程中，企业要吸收的不仅仅是易编码的显性知识，更应注重对不易编码的隐性知识的吸收。大量的知识是以隐性知识存在的，这部分隐性知识以技术诀窍、信念、组织文化等不易清晰表述的形式存在。如果忽略对隐性知识的吸收，我们对吸收能力的研究是不完善的。企业吸收能力提升的原理在于获取、消化、转化及应用外部知识，特别是隐性知识。隐性知识显性化能大大增加企业知识存量，提高企业环境适应性和创新能力，是形成企业竞争优势的关键性源泉。

4.2.2　产学研合作企业 SECI 过程

创新的本质是知识集成和创造（姚艳虹，2015）。随着科技经济一体化进程的加快，知识已成为企业创新活动的主要动力和竞争优势的重要来源（Vasanth et al.，2011；Zhongtuo Wang，2012）。根据 Polanyi（1958）将知识划分为隐性知识和显性知识两大类，日本著名管理学家 Nonaka（1994）敏锐地注意到创新的关键在于隐性知识的显性化。Nonaka 和 Takeuchi（1995）基于组织内部研究视角将创新主体通过知识共享实现知识转换的过程划分为社会化（socialization）、外部化（externali-zation）、整合化（combination）与内部化（internalization）即 SECI 四个阶段：第一，社会化，从隐性知识到隐性知识。强调隐性知识的交流是通过社会或团体成员的共同活动来进行的。最常见的就是工厂和学校中惯用的"师徒模式"。第二，外在化，从隐性知识到显性知识。个体通过努力可将隐性知识显性化，并传授给他人。在"外在化"过程中，隐性知识会通过隐喻、模拟、观念等方式表达出来，经过模拟化后就形成"观念性知识"，即显性知识，外在化是知识创造的关键。第三，整合化，从显性知识到显性知识。主要表现为新的外在化后的显性知识与企业原有知识库中的显性知识整合，通过各显性知识间的"整合化"，可以实现知识创新。第四，内在化，从显性知识到隐性知识。即将整合后的显性知识转化为组织的隐性知识。组织中的成员接收了整合化后的新知识，可以将其用到工作中去，并创造出新的隐性知识。Nonaka 和 Takeuchi（1995）认为隐性知识经过 SECI 四个阶段，实现了组织内部个人与个人之间、个人和组织之间的传递，整个过程隐性知识和显性知识相互作用、相互补充、循环转化，形成了一个不断成长的知识螺旋（如图 4.3 所示），其中隐性知识显性化是知识创造的关键。

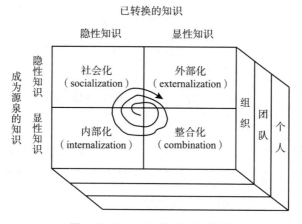

图 4.3　Nonaka 的 SECI 模型

资料来源：Nonaka（1994）。

　　然而 Nonaka 的 SECI 模型主要反映的是在创新过程中组织内部知识自身转化的内在机理，并没有考虑外部因素的作用。SECI 过程不单会在单个组织内部发生，更会在组织之间发生。产学研合作是由企业、高校和科研机构等构成的多元主体互动的跨组织创新体系，相对于单个组织，当进行跨组织创新时，需要有效扩大个体知识与组织知识层面的知识流动范围和知识共享程度（Canogia，2007）。产学研合作企业的 SECI 过程与传统的 Nonaka 的 SECI 过程有所不同，既有组织内部 SECI 过程，又涉及异质性组织之间的 SECI 过程。通过异质性组织之间频繁的知识流动，产学研合作企业需要对新流入的知识重新进行吸收与转化，前后衔接，形成多次反复、持续不断的 SECI 循环与叠加，实现知识的不断扩展与螺旋上升（如图 4.4 所示）。

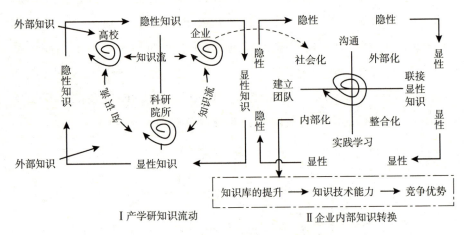

图 4.4　产学研合作企业知识转换过程

　　具体而言，在产学研合作过程中，异质性知识在产学研各创新主体之间流动。企业通过产学研合作创新网络平台不断吸收高校与科研机构专业技术背后的隐性知识（社会化过程），并用显性化的语言和文字系统地表述，其转化手段有隐喻、概念、模型、类比（外部化过程），经过系统化整理添加到企业知识库中，并与企业知识库中原有知识融合重组后产生新的显性知识（整合化过程），最后企业根据创新目标，将重组后的显性知识加工升华成新的隐性知识，并最终转化为具体创新行为（内部化过程）。对知识客体而言，通过企业、高校与科研机构等多元创新主体之间的知识共享，知识从高校与科研机构向企业转移，并不断完善，逐渐从适用于高校与科研机构的理论知识演化为可以为企业所用的实践知识。整个创新过程不仅是一个知识从高校与科研机构向企业的定向流动过程，更是一个隐性知识与显性知识相互转化、相互作用、螺旋上升的知识创新过程。当知识从高校与科研机构传递到企业时，企业所获得的知识已经不是原来意义上的知识，而是包涵了新的创新知识，这些新知识以具体成果的形态出现，既包括新产品、新工艺、现有产品和工艺的改善和提高等有形资源的创造，也包括企业创新能力的发展等。当这种新的创新知识再通过若干个 SECI 循环传递到起始点的时候，它已经经过多次螺旋演化，由于产学研各创新主体之间错综复杂的知识联系，知识经由无数、反复的螺旋深化最终实现知识的系统化、复杂化与全面化发展。

4.2.3　产学研合作企业吸收能力提升的动态演化过程

根据上述 Nonaka（1994）的知识转化理论，知识转换的四种模式是在显性知识和隐性知识相互作用、相互转换的过程中产生的：即社会化（socialization）、外部化（externalization）、整合化（combination）与内部化（internalization）。将知识转换的四种模式与吸收能力结合起来看也是产学研合作企业吸收能力提升的动态过程，即外部获取的隐性知识社会化（企业通过产学研合作创新网络平台获取高校、科研机构专业技术背后的隐性知识）、外部化（企业从高校、科研机构获取的隐性知识消化后用显性化的概念和语言清晰表达）、整合化（将消化后的知识与组织内原有的显性知识进行整合）、内部化（整合后的显性知识加工升华成新的隐性知识，并进行商业化应用），以上知识转化过程相互紧密联系与依存，共同作用于企业的创新过程，形成获取知识—消化知识—转换知识—应用知识—新的知识获取的循环过程，从而使吸收能力呈现螺旋上升趋势，如图4.5所示。

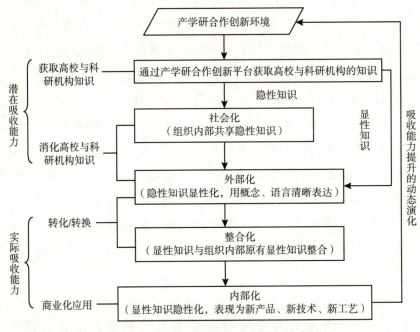

图4.5　产学研合作吸收能力提升的动态演化

资料来源：在张素平、吴志岩（2012）基础上整理修改。

（1）知识获取过程。知识获取过程是指企业通过对外部知识的扫描，识别及获取外部有潜在利用价值的新知识过程，包括识别与获取两个阶段。对于外部知识的识别，包含了"评价维度"和"理解维度"，强调评价和理解对识别外部新知识价值的重要性。企业必然要先对外部新知识进行评价和理解，才能正确识别外部新知识的价值，进而获取对自身创新有潜在利用价值的新知识。Zahra 和 George（2002）关于获取维度的定义中包含了"识别外部知识"的过程，同时，由于"获取"是企业对外部新知识进行评价后所经历的一个极其短暂的过程，没有必要将"识别"与"获取"的两个过程独立出来，可将识别和获取合并

为一个过程，即知识获取过程。相对于一般企业，产学研合作企业知识
获取的特殊性在于其有明确的知识源——高校与科研机构。产学研合作
企业知识获取是指企业通过产学研合作创新平台识别和获取对自身创新
有潜在利用价值的高校与科研机构的知识。企业是知识资源的集合，而
决定企业竞争优势的专有知识资源难以通过市场交易获取（Grant，
1996），产学研合作成为企业获取有效知识的重要场所。企业从高校与
科研院所获取的知识根据获取的难易程度分为显性知识和隐性知识。相
对于易编码的显性知识，隐性知识是指隐性的、复杂的和嵌入的难以编
码的知识，这类知识难以获取，企业创新的重要来源正是这类难以获取
的隐性知识，因此获取隐性知识往往被认为是企业加入产学研合作的目
的之一。企业获取高校与科研机构隐性知识的途径主要分为以下三种：
第一，企业通过高校与科研机构投入的新技术、新设备获取隐性知识。
与单纯的技术引进和设备购买不同，在产学研合作过程中，高校与科研
机构的技术或管理专家需要对新技术、新设备当众演示，企业可以获取
这些专家的生产技能、技术诀窍和管理经验等隐性知识。第二，企业通
过高校与科研机构对企业员工培训获取隐性知识。在培训过程中，高校
与科研院所专业技术人员需要对操作方法进行讲解，企业可以获取这些
专家的操作技巧、经验教训等隐性知识。第三，企业通过合作研发获取
高校与科研机构的隐性知识。技术合作本身就是一种知识流动，通过合
作创新主体之间的沟通与协作，企业可以通过观察、模仿和切磋获取高
校与科研机构的技术诀窍、管理经验等难以显性化的隐性知识。

（2）知识消化过程。Lane 和 Lubatkin（1998）将知识消化过程定义
为企业对外部知识系统获取、储存和转移的过程。Zahra 和 George
（2002）认为知识消化过程就是企业对获取的外部新知识进行分析、处
理、解释和理解的过程。Liao 等（2003）认为知识消化过程是企业对获
取的外部新知识感悟、判断、理解并存储至企业内部的过程。知识消化
是吸收能力的一个重要阶段。企业从高校与科研机构获取的知识包括显
性知识和隐性知识，获取的隐性知识首先需要经过社会化阶段，即企业

员工通过与高校、科研机构的专家进行交互式沟通的方式，对获取的隐性知识进行理解并存储至企业内部，使隐性知识在组织内部共享；获取的显性知识需要分析、处理、解释和理解，使个体所获取的显性知识能转换成更高层面的知识。

（3）知识转换过程。为了知识的后续利用，产学研合作企业必须将获取消化后的外部隐性知识再次外部化以实现知识的显性化，并将显性化后的知识与组织内部原有显性知识进行结合。知识的转换过程，强调消化后的外部显性知识与现有显性知识之间的结合，是企业对获取的高校与科研机构的知识定期进行维护过程，包括保养和激活两个阶段。保养即对消化后的知识进行保留、存储、共享和更新的过程，企业特别需要对获取的复杂性、系统性较高的隐性知识进行保养。激活即随时调用保养的知识过程，它强调激活后的知识可与当前企业需要相匹配，使知识具有可用性。

（4）知识利用过程。知识利用过程是指企业对转化后的知识进行利用的过程。它强调对获取的知识进行商业化应用，实现知识价值。至今学者们也没有对知识的利用给出确切的定义，通常借鉴 Zahra 和 George（2002）的定义，即企业对获取消化后的外部知识进行转换从而提炼、扩展、平衡现有能力或创造新能力的一种过程。知识的利用过程即知识的内部化过程，是整合后的显性知识以新产品、新技术、新工艺等隐性知识呈现。这一过程也是产学研合作企业将获取消化后的新知识与企业原有知识整合后，以新产品、新技术、新工艺等隐性知识呈现，实现知识的商业价值与经济价值，该过程是产学研合作的关键，决定了产学研合作绩效的高低。

4.3

本章小结

本章运用演化博弈理论分析了在产学研合作过程中企业、高校与科研院所博弈参与方的策略选择，结果表明吸收能力在很大程度上影响博弈参与方的策略选择，影响产学研合作的结果。然后基于动态能力理论与知识转换理论分析了产学研合作企业吸收能力提升的动态演化过程。首先，企业通过在产学研合作创新网络平台获取高校、学研机构的显性知识及隐性知识；其次，将从高校、科研机构获取的隐性知识消化后用显性化的概念和语言在组织内部清晰地表达出来以便组织内其他成员理解消化；再其次，将消化后的外部新知识与组织内原有的知识进行融合；最后，整合后的显性知识加工升华成新的隐性知识，以新产品、新工艺、新技术等形式出现，实现知识的商业化应用，上述过程相互紧密联系与依存，共同作用于企业的创新过程，形成获取知识—消化知识—转换知识—应用知识—新的知识获取的循环往复过程，最终使产学研合作企业吸收能力呈现螺旋上升趋势。

第 5 章

产学研合作企业吸收能力
提升的影响因素分析

第 3 章已经说明本书依据 Zahra 和 George（2002）、Yeoh（2009）、Volberda 等（2010）、Schildt 等（2012）等学者的观点，将产学研合作企业吸收能力分为潜在吸收能力与实际吸收能力两个维度，其中潜在吸收能力是根据外部知识环境的变化获取及消化外部有潜在利用价值的新知识的能力，是跨组织层面的能力，主要受组织间层面因素的影响；实际吸收能力是将获取消化后的外部新知识转化为组织内部知识并进行商业化应用能力，是组织内部层面的能力，主要受组织内部管理因素的影响；潜在吸收能力与实际吸收能力两者相互独立而又互相联系，潜在吸收能力是实际吸收能力的基础，潜在吸收能力需要最终转化为实际吸收能力才会对企业创新绩效产生最终的影响。本章将深入分析影响产学研合作企业吸收能力提升的因素。

5.1

产学研合作组织间层面因素对潜在吸收能力提升的影响

在知识环境迅速更新的今天，单个企业必须广泛寻求与外部知识源的合作才能获取创新所需要的全部知识。企业正不断嵌入更为复杂的外部网络环境中，因此有必要对企业嵌入的外部网络关系进行分析（Galaskiewicz & Zaheer，1999）。王雎（2007）认为如果忽略外部网络的组织间关系对吸收能力的影响研究，吸收能力将失去其研究意义，因此正确认识外部网络的组织间关系对吸收能力的影响已成为研究吸收能力的根本出发点。随着吸收能力理论研究的深入，越来越多的学者（Dyer & Singh，1998；Lane & Lubatkin，1998；Lane, Salk & Lyles，2001）开始关注吸收能力的关系维度，并基于绝对吸收能力提出相对吸收能力的概念外，还分析了影响吸收能力关系维度的因素。例如，Dyer 和 Singh（1998）认为影响特定伙伴专属性吸收能力的因素有社会性互动、合作伙伴之间的关系及合作过程。Lane 和 Lubatkin（1998）基于"师徒制"的双边关系认为"师徒"企业知识基础的相似性、补偿措施与组织结构的相似性、组织问题的相似性都会影响到相对吸收能力。然而上述学者在研究绝对吸收能力和相对吸收能力时，将这两种吸收能力给绝对地割裂开来，随着吸收能力理论的发展，后来的学者开始将这两种吸收能力融合在一起进行研究。Zahra 和 George（2002）基于吸收能力的关系维度和内在维度将吸收能力划分为潜在吸收能力和实际吸收能力，其中，潜在吸收能力关注吸收能力的关系维度，是一种相对能力，主要受组织外部环境的影响；实际吸收能力关注吸收能力的内在维度，是一种绝对能力，主要受组织内部环境的影响。Zahra 和 George（2002）的二维划分法开创了吸收能力研究的新天地。Yeoh（2009）在研究影响知识转移因素时遵从 Zahra 和 George（2002）的二维划分法，认为潜在吸收能力是跨组织层面的能力，实际吸收能力是组织内部层面的能力，并认为知识、关系和制度是影响潜在吸收能力三个方面：一是从知识相关度和知识特性两个维度阐述知识对潜在吸收能力的影响。转移的知识相关性越强、越复杂则潜在吸收能力越强。二是从文化相关度和关系延续性两个维度阐述关系对潜在吸收能力的影响。文化相关度越高、关系持续时间越强，越有利于双方的沟通与协作，潜在吸收能力越强。三是从接受的关系和合作的关系两个维度阐述制度对潜在吸收能力的影响。企业单边的愿意接受帮助或支持，合作企业之间公正公平的合作关系有利于企业获取隐性知识，提高潜在吸收能力。随着吸收能力理论在国内研究的深入，国内学者也开始关注吸收能力的关系维度，并开始系统分析吸收能力不同维度的影响因素。王国顺和杨昆（2011）通过 469 个企业样本问卷实证分析了社会资本对吸收能力不同维度的影响，结论表明潜在吸收能力主要受外部社会资本的影响，因此通过与外部社会资本互动如了解行业发展规划等措施能够显著提升潜在吸收能力；实际吸收能力主要受内部社会资本的影响，因此通过与内部社会资本互动如建立长期的信任关系能够显著提升实际吸收能力。

根据以上学者的研究成果，本书认为在产学研合作过程中企业、高校与科研机构这一特定组织间层面因素会影响潜在吸收能力，本书主要从合作关系、知识距离和网络结构这三个组织间层面因素来探讨潜在吸收能力的影响因素。之所以选取这三个因素是出于以下几个方面的考虑：第一，可行性。随着吸收能力研究的深入，越来越多的学者认同对吸收能力的研究不应忽视其关系维度，并开始从组织间层面探讨潜在吸收能力的影响因素。例如，Yeoh（2009）认为应从知识方面、关系方面、制度方面探讨了潜在吸收能力的影响因素，王雎（2007）认为对吸收能力的研究不应忽视外部网络因素。第二，代表性。在现有文献研究中，大多数学者探讨组织间层面因素时都会选取合作关系这一变量，合作关系是组织间层面因素的重要变量。而对存在知识势差的组织间知识转移进行研究时，知识距离是关键变量。对置于网络关系中的企业进行研究时网络结构是不可忽略的变量。第三，理论价值。虽然越来越多的研究者关注吸收能力关系维度的研究，然而尚缺乏相关的理论与实证分析。本书从合作关系、知识距离、网络结构这三个方面探讨吸收能力关系维度的影响因素，具有一定的理论价值。第四，实践价值。对于产学研合作企业而言，如何更多地获取、消化外部有潜在利用价值的知识，并对消化后的外部知识进行商业化利用，实现知识的经济价值和商业价值是企业管理者亟须解决的实践问题，本书的分析有助于解决这一问题。

5.1.1　合作关系对潜在吸收能力提升的影响

近年来，国内外学者普遍认同企业与外部组织之间建立良好的合作关系有利于企业获取、消化外部组织的知识（Kale，Singh & Perlmutter，2000），从而提升潜在吸收能力。Dyer 和 Singh（1998）、Nahapiet 和 Ghoshal（1998）的研究表明企业可通过协调与外部组织的关系来交换和获取隐性知识，并相互学习，提高企业吸收能力。Yli – Renko 和 Autio（2001）认为企业与外部组织的关系资本有利于企业获取外部知识，特别是隐性知识。在当前开放式创新的经济背景下，企业必须通过与外部组织的合作获取对其创新有利用价值的知识并进行商业化应用，合作组织良好的关系促进了企业之间的知识交流与学习，有利于企业充分吸收与利用外部知识（常荔，2002）。可见，企业与外部组织的合作关系对潜在吸收能力有一定的正向影响作用。

合作关系包括信任、承诺、沟通等因素，一般而言，合作双方信任程度高、承诺程度高、沟通良好则表明双方合作关系良好。从关系的角度来看，产学研合作关系在不断地动态作用着企业对高校、科研机构等外部异质性知识的获取，进而影响企业的知识存量，知识存量很大程度上又影响了企业吸收能力（Lane & Pathak，2006）。

5.1.1.1　信任与潜在吸收能力

产学研合作不同于传统的契约关系，它是一种超越合同的，以相互信任为基础的合作关系。合作组织间相互信任是产学研合作成功的必要前提。组织间信任是影响战略联盟建立和有效运作的重要因素，如何与联盟合作伙伴建立信任关系已经受到企业界的普遍关注（李东红，2009）。那么什么是组织间信任？国外学者对组织间信任进行了的经典定义。组织间信任是指在组织间合作中，被信任方不会因为私利而做出有损信任方利益的行为的预期（Barney & Hansen，1994）。组织间信任是一种双向关系，参与合作的双方相互信任构成了组织间信任。

在产学研合作中由于知识势差的存在知识流向通常是不对称的，由于知识通常由高校、科研机构向企业转移，知识外溢的风险可能导致高校、科研机构失去核心技术。为了防范风险，高校与科研机构通常会采取申请专利保护知识产权，减少对企业员工的技术培训等措施来保护核心技术，这种防范措施导致企业难以获取、消化高校、科研机构的新知识，因此，组织间的信任显得极其重要。Panteli 和 Sockalingam（2005）认为组织间信任是知识共享的关键要素，如果缺乏信任，任何一方都难以获取对自身有潜在利用价值的新知识。信任被认为是一种期望，可缓解对合作伙伴机会主义行事的担心（Bradach & Eccles，1989）。Inkpen 和 Currall（2004）指出合作伙伴间的信任会减少企业对知识保护的措施，有利于合作伙伴相互学习，相互获取异质性知识。Uizz（1996）通过对 23 个服装公司的实证研究表明，合作组织关系中的信任有利于那些很难通过市场交换进行的重要知识和信息的传递，进而有助于提高企业绩效。Scott（2003）认为，合作双方之间的信任关系能提高企业的吸收能力。

由于自身资源的稀缺性，企业必须通过产学研合作获取对其创新有利用价值的知识资源。在合作过程中，合作组织间的信任，增加了相互的知识交流，有助于企业获取高校与科研机构的知识。信任有助于企业获取、消化高校与科研机构的显性知识和隐性知识，从而提升潜在吸收能力：第一，信任导致企业与高校、科研机构正式与非正式合作交流频繁，频繁的沟通交流有利于企业获取显性知识和隐性知识，提高企业的知识存量水平。第二，信任，有利于合作组织间共享知识资源，提高了企业对知识的共享、消化吸收效率（Panteli & Sockalingam，2005）。可见在产学研合作过程中，组织间的信任有利于增强企业获取、消化高校与科研机构显性知识和隐性知识的能力。综上所述，本书假设：

H1：信任对潜在吸收能力有正向影响作用。

5.1.1.2　承诺与潜在吸收能力

美国社会学家 Becker（1960）首次提出了组织承诺的概念，并把它定义为由于对组织投入的增加，员工只能继续留在该组织的一种心理现象。随着研究的深入，慢慢衍生出组织间承诺的概念。Dwyer 等（1987）最早从行为的角度，将组织间关系承诺定义为合作伙伴间合作关系持续的保证。承诺的本质是稳定的牺牲，即为保持稳定的合作关系愿意进行短期利益牺牲（Anderson & Weitz，1992）。Sarkar M B 等（2001）认为承诺是指在合作过程中投入必要的资源，接受合作目标和合作伙伴价值观。基于以上学者观点，本书认为产学研合作组织间承诺是指企业、高校与科研机构等合作伙伴发展和维持合作的意愿，这种意愿决定了合作成员是否继续留在该合作组织并愿意为此付出实际行动（努力或牺牲）。

产学研合作组织间的合作不同于传统的契约合作，而是以关系嵌入为主的合作，因此信任与承诺是影响合作能否顺利进行的关键，进而影响到知识在合作组织间的流动与共享。下面从理性的制度层面和感性的态度层面来分析承诺对潜在吸收能力的影响：第一，理性的制度层面，为了从合作中获取各自的利益，产学研合作组织应建立相应的制度和规范。这种制度承诺，使合作各方能明确自身在合作中的目标和角色，保证了知识在合作组织中的共享和扩散，有利于企业获取和消化高校与科研机构的知识资源，促进了潜在吸收能力的提升。第二，感性的态度层面，产学研合作组织间信任与承诺是相辅相成的，合作组织间相互信任程度越高，愿意投入的资源就越多，感性承诺的心理认同度越高，这进一步增强了合作组织间的相互信任，有效地促进了企业获取、消化高校与科研机构的知识资源。综上所述，本书假设：

H2：承诺对潜在吸收能力有正向影响作用。

5.1.1.3　沟通与潜在吸收能力

沟通可以促使知识在组织间或组织内部快速流动和扩散，提高组织的知识存量水平。Cohen 和 Levinthal（1989，1990，1994）详细地论述了组织间以及组织内部沟通方式对吸收能力的影响，随后很多学者（Ko & King，2005；Bougrain & Haudevill，2002；Zahra & George，2002）都认同 Cohen 和 Levinthal（1989，1990，1994）的观点。Hippel（1998）的研究也表明，能够与合作伙伴、供应链中的上下游企业、客户进行有效沟通的企业，吸收能力往往较强。大多数学者认为沟通是知识共享的基础。产学研合作组织间的沟通是企业、高校与科研机构之间的一种互动关系，有效地沟通是长期合作的基础。企业参与产学研合作的最根本动机是为了获取与消化对其创新有潜在利用价值的知识，但是由于知识的隐性、专有性和复杂性等模糊性因素，使得高校与科研机构即使存在丰富的知识资源，如果缺乏有效的沟通，企业也很难获取与共享这些知识资源。

沟通对潜在吸收能力的影响可以从以下三个方面进行阐述：一是组织间的有效沟通能够减少合作中的摩擦与冲突，有助于知识在产学研合作组织间共享与流动，有利于企业获取与消化知识；二是沟通有助于形成良好的学习环境，使知识提供者愿意共享知识；三是有效的沟通可以减少机会主义行为，从而减少高校与科研机构对核心知识的过分保护与防范，有利于企业获取和消化知识。可见，有效的外部沟通机制有助于产学研合作组织间的合作，促使知识在合作组织间充分共享与流动，有利于企业获取与消化高校、科研机构的知识资源，特别是隐性知识。综上所述，本书假设：

H3：沟通对潜在吸收能力有正向影响作用。

5.1.2　知识距离对潜在吸收能力提升的影响

由于企业所拥有的知识资源的异质性，不同企业之间的知识距离是一定存在的。目前，基于不同的研究视角，知识距离的概念还未统一。知识距离是指知识供给方和知识需求方拥有相似知识的差异程度（Commings & Teng，2003）。疏礼兵（2008）认为研发团队成员由于学习背景、工作经历等差异导致拥有的技术知识存在差异，这种差异即为知识距离。张莉和和金生（2009）认为知识主体拥有的知识水平差异即知识距离是影响知识转移效率的重要因素。肖志雄（2011）认识知识距离是需求知识水平与现有知识水平之间的距离。基于以上观点，本书将产学研合作组织间知识距离定义为企业、高校与科研机构知识主体间由于组织特性、成员差异等所导致的知识水平或知识量的差距。

关于组织间知识距离对接收方吸收能力的影响，目前学术界主要有三种观点：一是组织间知识距离越小，知识获取方就越容易获取和消化相关知识。"学生企业"与"老师企业"之间的知识距离越小，那么"学生企业"识别、消化"老师企业"知识的能力越强，商业化运用知识的能力越强（Lane & Lubatkin，1998）。知识距离越大，则需要的学习环节越多，越不利于知识转移（Nonaka & Takeuchi，1995）。二是知识距离太小会使知识获取方失去知识吸收的动机。陈搏（2007）基于知识交换价值认为买卖双方的知识距离越短，买方获得的新知识的信息量越少。三是知识距离与知识吸收之间是一种复杂的倒 U 形关系。Song 和 Wu（2003）的研究认为合作企业间知识距离与合作企业间知识流动水平之间可能存在一个倒 U 形的关系。Grant（1996）的研究发现，如果知识主体拥有的知识完全一致，那么知识整合毫无意义；如果完全不同，知识整合无法发生。企业总是愿意选择在知识上有重叠部分但又相互补充的组织作为自己的合作伙伴，这样能保证有效吸收对方的知识。可见，上述学者在研究组织间知识距离对吸收能力的影响时，由于把知识距离看成一个笼统的概念，并没有对其进行更深入的维度划分，导致得到不相同的观点。

Turner 等（2002）用知识深度和知识宽度两个特性对知识进行描述，知识的深度反映的是知识的集中度；知识宽度反映的是知识的多样性。基于 Turner（2002）的观点，学者将知识距离划分为知识深度距离和知识宽度距离两个维度。张莉和和金生（2009）认为知识深度距离是指知识主体在某一专业领域内知识水平的差距，它反映了知识主体间专业化程度的高低之差。知识宽度距离是指由于知识主体所拥有的知识的多样性而产生知识结构上的差异。肖志雄（2011）按照这种维度划分将服务代理企业的知识距离类似地分为知识宽度距离与知识深度距离，并认为知识宽度距离是指由于企业成长历程、企业员工的专业背景等差异导致成代理业务所需的各种知识在结构上存在差异；知识深度距离是指服务代理企业在知识结构上与完成代理业务在专业化程度上存在的差距。按照以上学者对知识距离的维度划分，本书将产学研合作组织间的知识距离划分为知识深度距离和知识宽度距离两个维度。

5.1.2.1　知识深度距离与潜在吸收能力

产学研合作组织间的知识深度距离是指企业、高校与科研机构由于组织成员专业背景特性所导致地在某一专业领域内知识水平的差距。产学研合作要成功进行，企业必须成功吸收高校与科研机构转移过来的知识并进行商业化应用。由于深度知识具有更强的专业化、隐性化特点，因此产学研合作组织间的知识深度距离越小，则企业、高校与科研机构主体之间可以更好地沟通交流，越有利于企业获取、消化高校与科研机构的知识资源；相反，知识深度距离过大，即使知识水平高的高校与科研机构主动将知识传授给知识水平低的企业，企业也很难获取消化这些专业知识。因此，企业、高校与科研机构组织间的知识深度距离过大不利于企业获取、消化知识。如图 5.1 所示。

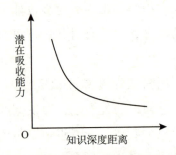

图 5.1　知识深度距离与潜在吸收能力的关系

资料来源：在张莉、和金生（2009）基础上整理修改。

从图5.1中可以看出，当知识深度距离较小时，企业可以更容易地获取、消化高校与科研机构的专业知识，此时潜在吸收能力较强；当知识深度距离较大时，企业很难获取、消化高校与科研机构的专业知识，此时潜在吸收能力较弱。可见，知识深度距离与潜在吸收能力成反向关系。因此，本书假设：

H4：知识深度距离对潜在吸收能力有负向影响作用。

5.1.2.2　知识宽度距离与潜在吸收能力

产学研合作组织间的知识宽度距离是指企业、高校与科研机构两大知识主体之间的知识结构上的差异。由于企业、高校与科研机构的组织特性、组织成员学习经历与背景的差异，企业、高校与科研机构的知识结构也存在一定的差距。由于知识宽度具有多元化、显性化特点，如果企业、高校与科研机构知识结构差异越大，即知识宽度距离越大，由于知识的互补性，此时企业获取、消化高校与科研机构知识的动力越强，越有利于企业潜在吸收能力的提高。反之，如果企业、高校与科研机构之间知识宽度距离较小，则说明它们的知识构成具有较高的一致性，则知识主体会失去从对方身上获取吸收知识的动力，即企业没有从高校、科研机构获取、消化知识的欲望。张莉（2009）认为，知识宽度距离越大，知识主体可供交换的知识越多，交换的意愿就越强。因此，本书认为，知识宽度距离越大越有利于知识的获取、消化吸收，如图5.2所示。

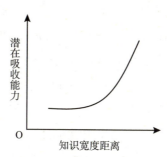

图5.2　知识宽度距离与潜在吸收能力的关系

资料来源：在张莉，和金生（2009）基础上整理修改。

从图 5.2 可以看出，当知识宽度距离较小时，企业缺乏获取、消化高校与科研机构知识的动力，此时潜在吸收能力较低；当知识宽度距离较大时，企业获取、消化高校与科研机构知识的动力较强，此时潜在吸收能力较强。可知，知识宽度距离与潜在吸收能力成正向关系。因此，本书假设：

H5：知识宽度距离对潜在吸收能力有正向影响作用。

5.1.3　网络结构对潜在吸收能力提升的影响

Barney（1991）基于资源基础观理论认为企业是各种资源的集合，企业的外部网络为企业提供了丰富的资源。企业的外部网络实际上是资源的潜在集合体，资源在网络中的流动有利于企业获取和消化网络中的知识资源。企业的外部网络结构是指由于企业所处的网络结构的位置所具有的资源和对资源的控制力量（Burt，1992；Granovetter，1973）。

自 Cohen 和 Levinthal（1989）提出吸收能力以来，很多学者从网络结构这一视角对吸收能力进行了深入研究，并认为企业外部联系的强度会对吸收能力产生重要影响。Yli - Renko（2001）以英国 180 家高新技术企业为研究对象，证实了外部网络为企业提供了丰富的知识资源，有利于企业获取、消化外部知识。George 等（2001）分析了联盟的结构特征对企业吸收能力的影响，水平结构或垂直结构给企业创造了获取其所不拥有的知识的机会，因此提高了企业的潜在吸收能力，其中水平的联盟结构有利于扩大知识的宽度，垂直的联盟结构有利于提高知识的深度。Tsai（2001）认为处于网络中心地位的企业，能够接触和获取的外部知识资源越多，越有利于吸收能力的提升。吴结兵和徐梦周（2008）的研究表明，集群网络的存在使知识可以在集群内的共享和快速流动，有利于集群内企业相互获取和利用对其创新有利用价值的知识。Patar 等（2007）的实证研究也表明，以集群、网络等形式存在的组织间活动有利于吸收能力的提升。Burt（1992）认为，拥有丰富结构洞的企业能够获得更多更新的非重复信息，拥有更多的网络资源，有利于企业与网络中的不同组织进行深层次的知识交流。窦红宾和王正斌（2010）通过对西安通讯装备制造产业集群的实证分析，证实了外部网络结构有助于提升吸收能力，企业应充分利用外部网络，获取更多的信息和知识资源以最终提高企业创新绩效。综合以上学者观点可知，网络结构内的成员，通过联结关系，共享知识资源，有利于提高企业从网络结构中获取知识和消化知识的能力。

产学研合作实质上是指企业、高校与科研机构、政府部门、中介咨询机构之间介于外部自由市场和内部组织层级间的一种复杂网络联结方式。作为一种与企业和市场相并列的资源配置体制，产学研合作网络蕴藏了大量的潜在知识资源，是产学研合作企业获取知识的源泉。对于企业而言，如何配置网络结构提升吸收能力是亟须解决的关键问题。

大量学者对网络结构的维度进行了研究。Konke 和 Kuklinski（1982）用密度、凝聚性、多样性、中心性四个维度来衡量网络结构，密度（density）使用网络成员实际互动关系数与所有可能的互动数之比来衡量；凝聚性（cohesion）是衡量网络成员相互连接程度的指标；多样性（multiplicity）指某个特定连接目的相对于其他组织间不同连接目的的独特程度；中心性（centralization）使用某位网络成员的网络关系与所有网络关系之比来衡量。Bourdiru（1986）提出可用"行动者可以有效加以运用的联系网络的规模的大小"和"网络中每个成员以自己的权力所占有的资源的多少"作为描述网络结构的维度。Siu 和 Bao（2008）使用网络规模和网络中心度两个维度对网络结构进行测量。基于以上学者观点，结合本研究需要，本书把产学研合作网络结构分为网络规模和网络密度两个维度，以此进一步分析产学研合作网络结构对潜在吸收能力的影响。

5.1.3.1　网络规模对潜在吸收能力的影响

网络规模（network size）是企业外部网络中存在的关系数目，反映了外部网络的大小。Lane 和 Lubatkin（1998）认为外部网络便利了企业对外部知识的获取，也决定了企业可能占有的外部资源数量。网络规模增大不仅意味着企业可以获取信息量的增大，同时也有助于企业更多地获取异质性信息（Baumb，2000）。Rowley（2000）的研究也证实企业在它所处的环境中与更多外部组织建立联系，越有可能获取有价值的信息和资源。

一部分学者用研发作为吸收能力的替代变量来研究网络规模对吸收能力的影响，并且大部分学者都从理论上认同网络规模对吸收能力有正向影响作用。网络规模越大，网络中蕴含的可利用的知识资源越多，这样增加了企业获取知识资源的广度和深度，而知识资源的广度和深度又带动企业发现新知识（Wellman & Wortley，1990）。Kraatz（1998）认为，企业的外部网络不仅是知识的重要来源，而且通过与外部组织合作可以节约成本，降低风险，促进研发和创新。Landry 等（2002）通过对加拿大 440 家制造企业研究发现，企业外部网络的丰富性可以为企业提供多样的知识资源，而知识资源的多样性有利于提升企业研发效果。综上可见，网络规模越大，网络中蕴含的可利用的知识资源越充足，这样企业能接触到外部的知识资源越多，越有利于企业获取和消化这些外部知识。因此，本书假设：

H6：网络规模对潜在吸收能力有正向影响作用。

5.1.3.2　网络密度对潜在吸收能力的影响

网络密度（network density）是指在该网络中企业与其他网络成员直接联系的频繁程度，反映了外部网络结构的状况。若企业与其他网络成员联系越频繁，则网络密度越高，一方面有利于信息和知识快速、有效地流动；另一方面也有利于合作伙伴建立共同认知和共同行为模式，有利于共同发展。

Coleman（1998）认为，网络密度越高，意味着网络内成员之间联系越频繁，频繁的联系一方面有利于知识资源的充分流动，另一方面增强了信任与合作。Marsden（2003）认为，频繁的网络联系能促进组织间层面知识的转移和学习，使企业获取更多有利用价值的知识。Keshavaraj 等（1998）认为，网络中的成员越多，成员之间联系越多，则更多的非冗余信息和资源可能被共享，充分共享的信息和资源保证了群体决策的质量。Molm（1994）也提出相互依赖的关系的密切性会增强相互合作，从而增强群体绩效。网络密度越高，越有利于网络成员之间建立起信任和合作的关系，提高合作的信任度和开放度，促进网络内知识的充分流动，这样有利于企业获取和消化有利用价值的知识（吴结兵，2008）。因此，本书假设：

H7：网络密度对潜在吸收能力有正向影响作用。

5.2

影响实际吸收能力提升的因素

Zahra 和 George（2002）将吸收能力分为潜在吸收能力和实际吸收能力，并认为吸收能力是企业获取、消化、转化和应用知识的一系列惯例和流程。知识的演进过程反映了动态能力的本质（江积海，2005），作为动态能力基础的知识运动过程包括获取、消化、转化、运用这四个相互影响、相互联系的连续阶段（王国顺，2010），同样地，潜在吸收能力与实际吸收能力在相当程度上也是相互影响、相互联系的。

5.2.1　潜在吸收能力对实际吸收能力的影响

根据 Zahra 和 George（2002）的定义，吸收能力是一种动态能力，分为潜在吸收能力和实际吸收能力。潜在吸收能力是获取和消化外部知识的能力，即对外部有潜在利用的知识进行分析、加工、翻译和理解的能力；实际吸收能力是转化和运用外部知识的能力，即将获取、消化后的外部知识与企业原有知识进行整合、并商业化运用的能力。Volberda

等（2010），Schildt 等（2011）认为潜在吸收能力和实际吸收能力二者相互独立且存在关系，实际吸收能力与潜在吸收能力的比率越大，企业的吸收能力越强。Yeoh（2001）研究接受企业的知识转移成功因素时，认为潜在吸收能力是跨组织层面的能力，实际吸收能力是组织内部层面的能力。Camisón 和 Forés（2002）提出，对外部知识的获取、消化、转化、应用是连续的知识吸收过程，较高的潜在吸收能力有利于企业应对变幻莫测的市场环境进而提升实际吸收能力。

综合以上学者观点，潜在吸收能力是企业获取和消化外部有潜在利用价值知识的能力，网络理论强调外部知识对于企业创新的重要性，主要从组织间层面进行讨论，本书研究对象为产学研合作企业，基于产学研合作组织间层面讨论潜在吸收能力，它涉及企业对高校、科研机构的知识获取与消化能力；实际吸收能力是转化和商业化运用外部知识的能力，主要从组织内部层面来讨论。企业要成功转化和商业化运用外部知识的前提条件是能成功获取和消化外部知识，但是企业获取和消化外部知识能力强并不一定意味着转化和商业化运用外部知识的能力强，因为企业成功获取和消化外部知识只是增加了知识存量，只有企业能成功转化和商业化应用这些外部知识，才能增强企业竞争力。正如 Zahra 和 Geroge（2002）所言，知识"数量"不一定转化为知识"效用"，潜在吸收能力高的企业并不一定创新能力强。但是"量变"是"质变"前提，"质变"是在"量变"的基础上发生的（Lichtenthaler，2009）。就组织员工个人层面而言，"守门人"从企业外部获取的新知识，通过将这些知识与企业内部其他成员共享，而成功共享会导致企业内部更多的员工掌握新知识，为商业化应用这些外部知识创造条件。换句话说，获取和消化外部知识为转化和商业化应用外部知识创造了客观条件。可见，企业获取和消化的外部知识越多，在一定程度上会促进知识的转化和应用，即潜在吸收能力有利于提升实际吸收能力。基于以上研究，本书假设：

H8：潜在吸收能力对实际吸收能力有正向影响作用。

5.2.2　组织内部管理因素的调节作用

正如上文所述，潜在吸收能力是指企业获取和消化外部知识的能力，但它并不必然保证企业成功的应用这些被获取的外部新知识，较高的潜在吸收能力并非意味着较高的实际吸收能力。那么企业如何将获取与消化的外部新知识成功转化与商业化应用，提高企业竞争力呢？强调企业内部能力观的学者认为应从组织内部管理因素寻找答案（Reagans & Mcevily，2003；Inkpen & Tsang，2005；Fosfuri & Tribó，2008）。可见，研究者已经发现企业并不总是能够促进知识的共享和应用，企业组织结构、沟通机制、学习机制和企业文化的异同会导致企业对从外部获取来的知识的有效共享和应用也存在差异，即组织内部的管理机制可以减少潜在吸收能力与实际吸收能力之间的差距。

组织内部管理机制是指企业内部有助于理解、整合及商业化应用外部知识的一系列相关机制的集合，如企业组织结构、沟通机制、学习机制及企业文化（崔志等，2008）。企业内部组织结构、沟通机制、学习机制及企业文化的不同特征，将决定外部新知识在企业内部的理解、转化和利用。

组织结构是指一个组织中对工作角色的正式安排和对包括跨组织活动在内的工作进行管理和整合的机制（郭霖，2005）。组织结构通过影响知识在组织内部的共享和扩散来影响实际吸收能力。Van den Bosch（2001）运用案例分析强调了在企业先验知识水平既定的前提下，组织结构和社会整合机制对吸收能力的决定作用，并得到以下结论：矩阵式组织、系统化能力和协调能力有利于吸收能力；职能式组织、社会化能力不利于吸收能力；事业部式组织对吸收能力的影响则是不确定的。Jansen（2005）使用系统性能力、协调能力、社会化能力三个维度来描述组织结构特性，其中系统性能力（systems capabilities）是指企业为了处理组织例行事务而利用组织记忆知识制定组织惯例和标准化工作流程的能力，包括流程化和正式化两个方面；协调能力（coordination capa-bilities）是指组织跨越职能部门边界进行知识交换的能力；社会化能力（socialization capabilities）是指组织成员之间的理解程度，它能够在整个组织中形成共同的交流语言和主导观念，Jansen 的研究发现系统性能力越高、协调能力越高及社会化能力越强的组织结构，组织的吸收能力也越强。张光磊等（2012）通过实证研究发现，在中国情境下，高度集权的企业知识获取途径死板而单一，研发团队成员之间缺乏沟通交流，知识共享和流动性不强，影响了对知识的吸收利用。相对于集权的组织，分权的组织结构有利于组织员工吸收利用外部新知识，可以促进组织与外界新旧知识的同化（Lee & Choi，2003）。分权的组织使参与决策者的数量增加，决策者会积极利用现有的知识并积极吸收新的知识，并将新旧知识融合应用于产品或服务中，进而提升了实际吸收能力（Pertusa - Ortega et al.，2010）。

沟通机制通过影响知识在组织内部的共享与扩散来影响组织转化和商业化应用外部知识的能力。组织内部沟通机制，即部门与部门之间、员工个体与员工个体之间的正式与非正式交流，也能促进知识的转化和新知识的产生（Nonaka，1994）。如职位轮换（job rotation）机制，使员工可以接触到不同职位所特有的专业知识，可以提高知识在组织内部共享水平，促进知识流动。组织内部员工的非正式沟通，有利于增强员工之间的信任关系，促进知识的共享和流动，从而提高转化和商业化应用这些知识的能力。

企业内部的学习机制通过也影响外部新知识在组织内部的共享与扩散来影响实际吸收能力。组织学习分为组织外部学习和组织内部学习，在产学研合作过程中，企业首先通过技术模仿、技术转移和技术引进等外部学习方式获取高校与科研机构的技术知识，再将这些知识在组织内部进行共享与扩散，实现知识的内化与创新，这一过程也是组织内部学习过程。

除了可以通过教育培训来增加员工的知识存量外，企业还可以通过建立学习型的组织文化，积极引导员工提高自身知识素质，主动学习外部新知识，从而使企业成功应用外部新知识。另外，学习型的组织文化鼓励员工学习与知识共享，可以有效促进外部知识在企业内部的充分流动，有利于员工对外部知识的商业化应用，从而提高实际吸收能力。

基于以上研究，本书假设：

H9：组织内部管理因素在潜在吸收能力与实际吸收能力关系中起调节作用。

5.3

实际吸收能力提升对合作绩效的影响

大量研究表明，吸收能力通过影响知识存量的增长进而提高创新绩效。Cohen 和 Levinthal（1990）认为吸收能力有助于创新绩效的提高。Escribano 等（2009）认为企业吸收能力越强，则识别和获取外部有潜在利用价值的知识的能力越强，则越有能力吸收并商业化利用外部知识，提高创新绩效。沙振权和周飞（2013）通过对珠三角地区产业集聚内的 161 家企业样本数据的实证分析发现，吸收能力能有效提高集群内企业的合作绩效。然而以上学者在研究吸收能力时都将吸收能力作为企业内化的能力，并没有考虑吸收能力的不同维度对合作绩效的影响。

Zahra 和 George（2002）指出，潜在吸收能力强的企业只有通过有效的组织内部管理机制与之相匹配，才能使实际吸收能力提升，而只有实际吸收能力强的企业才可能通过技术创新获取竞争优势。Szulanski（1996）的研究也表明，企业首先必须对获取的外部知识理解消化后，才能转化为企业内部知识并进行商业化应用，从而提升创新绩效。Nonaka 和 Takeuchi（1995）的研究也表明企业必须将从外部获取的新知识与企业现有的知识整合内化，才能转化为企业内在的知识，产生新颖的想法实现知识创新。可见，潜在吸收能力并不能直接提高创新绩效，只有将潜在吸收能力转化为实际吸收能力才能最终实现创新绩效的提升。

5.3.1　潜在吸收能力促进知识存量的增长

获取与消化外部知识是企业商业化应用外部知识的前提和基础，可以实现企业知识存量的增长。由于知识资源的异质性，在产学研合作过程中，企业通过与高校、科研机构的沟通与交流，进行知识转移和知识共享，并不断获取与消化对创新有潜在利用价值的知识资源，促进知识存量的增长，并为转化和商业化应用外部知识打下基础。可见，良好的潜在吸收能力通过知识共享、整合，能够转化为有效的实际吸收能力，从而带来更好的合作绩效，并提高企业的创新能力。在产学研合作过程中，潜在吸收能力并不直接提升合作绩效，而是通过高校、科研机构的知识溢出、共享和转移来获取对自身有利用价值的外部知识，并在企业内部对外部知识进行分析、理解和加工，并与企业原有的知识整合内化为企业自身的知识资源，实现知识存量的增长，同时为实际吸收能力的提升提供知识基础。

5.3.2　实际吸收能力提升合作绩效

实际吸收能力是企业将已获取、消化后的外部知识与企业原有知识融合，创新出新知识并进行商业化运用的能力。实际吸收能力能创新出新产品、新工艺从而使企业获得竞争优势。可见，企业转化和应用外部知识的能力越强，企业创新绩效就越高。在产学研合作过程中，企业首先通过获取、消化高校与科研机构的外部知识提升自身的知识存量，再通过转化和商业化应用，创新出新产品、新工艺，实现知识价值。创新的实质就是要实现知识价值的经济化和商业化，而不仅仅是知识存量的增长。产学研合作企业通过把获取、消化的外部知识应用到新产品与新工艺的研发中，实现知识价值的经济化和商业化，从而实现知识实质上的创新，提升合作绩效。基于以上研究，本书假设：

　　H10：实际吸收能力对提升合作绩效有正向影响作用。

5.4

吸收能力的中介作用

　　中介变量（mediator）是用来解释一个关系背后的原理和内部机制。产学研合作组织间层面因素是通过哪种变量的中介作用提高了合作绩效，吸收能力在其中的作用是什么？这也是本书需要解决的问题。国内外已有研究证实了吸收能力的中介作用，王辉等（2012）实证研究了吸收能力在供应链间关系质量与合作绩效中的中介效应。企业通过组织间合作对外部知识进行有效的识别评价、消化转化和整合应用，最终使合作绩效得以提升。

5.4.1　吸收能力在合作关系与合作绩效中的中介作用

　　建立良好的产学研合作关系有利于合作组织间相互沟通学习，可以有效促进合作组织间的知识转移，对吸收能力的提升有着积极的促进作用，进而可以改善合作绩效。产学研合作关系的建立降低了合作各方的顾虑，提高了合作绩效，进而增强了合作各方开展长期合作的愿望，同时它也降低了合作各方用于解决沟通、争端冲突与讨价还价的成本。Whilson 和 Gorb（1983）、Imrie 和 Morris（1992）在实证研究中论述了合作关系产生的原因及其对合作绩效产生的积极重要影响。Uzzi（1996）通过研究纽约服装行业，发现合作关系与合作绩效间存在正相关关系，并且发现深度合作关系为企业带来的好处比通过契约合作建立起来的合作关系能够为企业带来的好处更多。紧密的合作关系有利于合作组织间相互沟通学习，促进知识的充分流动，使企业吸收能力提升进而提高合作绩效（Dyer & Singh，1998）。基于以上学者观点，本书假设：

　　H11：吸收能力在合作关系与合作绩效中起中介作用。

5.4.2 吸收能力在知识距离与合作绩效中的中介作用

企业参与产学研合作的最重要动机在于获取有潜在利用价值的外部知识，知识距离在异质性组织间是一定存在的，由知识距离所导致的知识势差也是知识在异质性组织间流动和共享的重要原因（佘秋平等，2012），对合作创新发挥着不可忽视的作用。知识深度距离越小，合作各方拥有专业知识相似度越高，越有利于合作各方在专业领域内的沟通；知识宽度距离越大，合作各方知识结构差异越大，企业越能获取对创新有利用价值的互补性知识。

当企业、高校与科研机构等合作组织间知识深度距离较小时，合作各方拥有的专业知识相似度越高，产学研合作各方知识沟通越顺畅，越有利于知识在合作组织间充分流动和共享，从而使企业较好地吸收专业知识，这有利于推动合作创新。知识深度距离越大，则企业、高校与科研机构的专业知识差异较大，由于认知障碍，企业很难吸收与其差异较大的专业知识，特别是隐性知识，这将影响合作绩效的提升。而知识宽度距离越大，则企业、高校与科研机构之间的知识存在较大的互补性，合作各方都希望从对方身上获取吸收自己所不具备的知识，此时企业获取、消化高校与科研机构知识的动力越强，越有利于企业吸收能力的提高，从而有助于合作绩效的提升。因此，本书假设：

H12：吸收能力知识距离与合作绩效中起中介作用。

5.4.3 吸收能力在网络结构与合作绩效中的中介作用

在开放式创新背景下，企业越来越多地需要通过与外部创新主体合作来获取有利用价值的知识。现代创新过程要求企业掌握关于技术和市场的具体知识，这便需要企业更广泛、深入地开发和利用外部知识。企业所深层次嵌入的外部网络是企业整合利用外部知识的关键，也是企业创新的重要源泉。大部分研究认为，企业所处的外部创新网络规模越大，处于创新网络中的企业可以接触与获取的知识越多，越有利于企业跨越创新活动的内在限制，实现创新。网络规模的大小意味着焦点企业可以获取知识资源的丰富程度，从而影响合作绩效。网络联接的密度有助于组织间的深度互动和交流，对合作绩效产生重要影响。因此本书假设：

　　H13：吸收能力在网络结构与合作绩效间起中介作用。

5.5

模型的构建与说明

5.5.1　模型的构建

　　通过文献梳理和理论分析，本书在研究假设的基础上得出吸收能力内在的逻辑过程及其影响因素、后效结果的作用过程。产学研合作过程中异质性组织间因素对企业吸收能力的提升有重要意义，而企业吸收能力的提升又影响到合作绩效，本书研究的概念模型如图 5.3 所示。

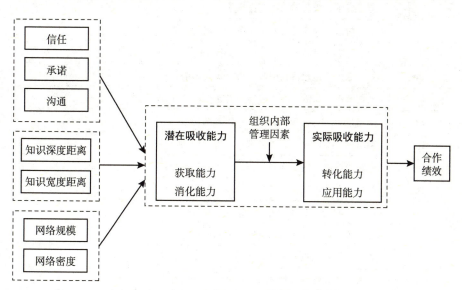

图 5.3　本书研究的概念模型

5.5.2 模型的说明

通过本书研究的假设和模型的提出，本书定量分析的产学研合作企业吸收能力提升作用过程机理已用图5.3以结构框架的形式勾勒出来，下面对模型构成进行说明。

八个测量指标，分别是吸收能力、合作关系、知识距离、网络结构、组织内部管理因素、合作绩效、企业规模、企业年龄。

十三个测量维度，分别是潜在吸收能力和实际吸收能力；信任、承诺和沟通；知识深度距离和知识宽度距离；网络规模和网络密度；组织内部管理因素；合作绩效；员工总数、企业年龄。

十三个理论假设汇总如表5.1所示。

表5.1   研究假设汇总

假设	关系
H1	信任对潜在吸收能力有正向影响作用
H2	承诺对潜在吸收能力有正向影响作用
H3	沟通对潜在吸收能力有正向影响作用
H4	知识深度距离对潜在吸收能力有负向影响作用
H5	知识宽度距离对潜在吸收能力有正向影响作用
H6	网络规模对潜在吸收能力有正向影响作用
H7	网络密度对潜在吸收能力有正向影响作用
H8	潜在吸收能力对实际吸收能力有正向影响作用
H9	组织内部管理因素在潜在吸收能力与实际吸收能力关系中起调节作用
H10	实际吸收能力对合作绩效有正向影响作用
H11	吸收能力在合作关系与合作绩效间起中介作用
H12	吸收能力在知识距离与合作绩效间起中介作用
H13	吸收能力在网络结构与合作绩效间起中介作用

5.6

数据主要分析方法说明

为了验证本章提出的研究假设，探索影响产学研合作企业吸收能力提升的关键因素，并探索吸收能力对合作绩效的作用机理，本书运用定量分析的方法，将使用统计软件 SPSS 22.0 进行统计分析和数据处理，主要分析方法涉及因子分析法、相关分析法和回归分析法。这里对这三大类方法作一简要说明。

5.6.1　因子分析法

因子分析即用少数的几个因子去描述原始资料中许多指标或因素之间的关系。由于本书研究假设涉及的变量众多，而且这些变量间可能会存在较强的自相关和多重共线性的可能，为了识别因子结构和精化量表内容，本书在现有文献研究的基础上使用验证性因子分析，分析每一个测量项在各个共同因子上的负荷，根据负荷水平的高低来筛选测量值。

当某一测量项在假定的共同因子上有较高负荷时，就认为该测量项具有较高的区分程度，在下一步分析中予以保留。而对于不具有较高的区分程度的测量项，如在所有共同因子中负荷水平较小（下面具体分析时将根据公认的抽取标准进行抽取）、在几个共同因子上的负荷量程度都是较高或较低或差异性过小，将予以删除。删除后，对公因子再重新提取，反复进行上述方法，直到提取获得满意的因子结构，供相关分析和回归分析之用。

5.6.2　相关分析法

相关分析是对研究变量之间不确定性关系进行描述的一种常见统计

方法，通常用相关系数来度量变量间关系的紧密程度，刻画的是两个具有不确定关系的变量之间的密切程度和相关方向变化关系。相关系数 r 的取值介于 -1~1，相关系数的取值越接近于两端，则表明变量之间的相关关系越强，表明一个变量变化引致另一个变量变化的幅度越大，一般 r 的绝对值大于0.8表示变量之间具有较强的相关关系；取值越接近于0，表明相关关系越弱，表明一个变量变化引致另一个变量变化的幅度越小，一般 r 的绝对值小于0.3 则表示变量之间的相关关系较弱。其中正相关表示两变量相关方向相同，负相关表示两变量相关方向相反。

通过变量间相关系数，可以分析产学研合作组织间层面因素与潜在吸收能力、潜在吸收能力与实际吸收能力、实际吸收能力与合作绩效的相关程度，以及自变量、中介变量、调节变量分别与因变量的相关程度。通过这些变量之间相关系数及其显著水平对它们之间的关系进行初步的观测，判断它们单独作用的情况下研究假设是否能够成立。但是由于涉及的都是潜在变量及主观性数据，所以变量之间的相关程度并不像经济现象之间的数量关系那么明显。变量间即使存在某种相关关系，也不一定说明两者能够有较高程度的拟合，还需要与其他方法相结合才能最终研究严格意义上的相关关系或因果关系。所以本书在皮尔逊（Pearson）相关分析进行判别的基础上进行回归分析，以进一步观测和判断变量之间的相互关系和作用机理。

5.6.3　回归分析

回归分析（regression analysis）是采用一个或多个自变量预测和解释因变量，通过它们的回归系数及显著水平揭示数据背后的理论含义。为了进一步考察吸收能力的前因后效变量，本书拟采取多元线性回归分析的方法。由于本书涉及的变量众多，所以在具体回归过程中采取多层次回归分析的方法，因为多层次回归分析方法可以在不同的变量回归方程后，充分显示进入前后回归系数的变化，从而有助于判断引入变量对因变量的解释程度。

在回归分析中为了减少不必要的信息扰动项，本书将在研究过程中根据描述性分析、因子分析和相关分析的结果，在回归分析中对变量进行控制，按照控制变量、自变量、调节变量、交互项的顺序进行多层次回归。

5.7

本章小结

本章在现有文献研究的基础上，着重对产学研合作企业吸收能力的前因后效变量进行了论述。组织间内外因素会对吸收能力的不同维度产生影响，产学研合作组织间层面因素（合作关系、知识距离、网络结构）影响潜在吸收能力，组织内部管理因素会调节潜在吸收能力与实际吸收能力之间的关系，实际吸收能力最终会影响到合作绩效。本章对产学研合作组织间层面因素、吸收能力、合作绩效之间的关系进行了理论上的拓展，在相关研究假设的基础上构建了理论框架模型，并将运用定量分析与单案例分析相结合的方法对该模型进行实证检验。

第 6 章

产学研合作企业吸收能力
提升的定量研究

第 5 章已经说明了影响产学研合作企业吸收能力提升的因素，如产学研合作组织间层面因素（合作关系、知识距离、网络结构）对潜在吸收能力有影响，组织内部管理因素在潜在吸收能力与实际吸收能力关系中的具有调节作用。本章以产学研合作企业为调研对象，基于问卷调查实证分析影响产学研合作企业吸收能力提升的主要影响因素及检验吸收能力的功效。

6.1
问卷设计与变量测量

本书借鉴国内外惯用的实证研究方法，在分析思路上，首先，进行相关理论诠释和分析，初步得出理论分析的概念模型和理论架构，并提出研究假设；其次，在假设的基础上，根据现有文献资料进行实地访谈和资料分析，设计出调查问卷并进行了试调查；再次，根据试调查结果对问卷进一步修订和完善，展开全面调查，收集研究所需要的数据；最后，通过统计软件及相关工具在调研数据的基础上对研究假设进行统计学意义上的验证分析。

6.1.1　问卷设计方案

6.1.1.1　问卷设计

本书研究的调查问卷是在参阅国内外已有文献研究成果，结合中国企业产学研合作的实际情况，根据实地访谈结果分析，以及借鉴已有的比较成功的调查问卷设计形式，经过反复推敲，听取导师、同班同学和业界人士的建议和意见，并在预测试的基础上逐步形成的。

调查问卷设计主要围绕着产学研合作企业吸收能力的前因后效展开，根据研究目的和研究内容，初始调查问卷包含了 8 个方面的内容共 56 个题项，内容涵盖吸收能力、合作关系、知识距离、网络结构、组织内部管理因素、合作绩效、受访企业基本情况、受访者个人基本情况。采用李克特（Likert）5 点量表评分，受访对象根据企业实际情况在"1 ~ 5"个选项中做出选择，其中"1"表示不符合，"5"表示完全符合。

6.1.1.2　预测试

为验证初始调查问卷中题项和指标设置的合理性、问卷表述的通俗性和专业性，确保正式问卷量表的信度和效度，在正式调查之前就初始调查问卷展开了小范围的试调查。小样本试调查的活动于 2015 年 9 月开始，选取了上海的 34 家产学研合作企业，受访对象均为企业中高层管理人员，被调查企业所属行业涉及软件行业、通信、互联网业、交通、物流业、金融行业等。根据预测试调查的结果显示，初始调查问卷的题项和指标设置比较合理，通过了信度检验和效度检验，只是在个别题项的表述上不够通俗。根据被试者的反应情况，笔者随即进行修改和完善，以便受访对象能够更清楚地理解问卷内容，得到更准确翔实的数据。

就修改后的调查问卷，笔者又在南昌选取了 20 家产学研合作企业进行了第二次预测试，受访的 20 家企业中高层管理人员基本上认同了修改后的问卷和问题表述方式。笔者就第二次试调查回收的问卷重新进行了信度检验和效度检验，检验结果表明了本书涉及的量表符合研究标准。至此，本书的调查问卷经历了文献阅读和梳理、实地访谈、广泛征询意见和预测试 4 个阶段最终形成，由 56 个题项最终精简为 49 个题项，涵盖了研究假设所包含的全部内容（详见附录一）。

6.1.2 变量选择与测量

吸收能力是本书研究的核心变量，因此本书涉及的变量主要为吸收能力的前因后效变量，涉及的主要变量都是在文献梳理的基础上，通过实地访谈、多方斟酌和问卷佐证等方式开发的量表，下面将逐一对每个变量的测量指标进行阐述。

6.1.2.1 吸收能力

吸收能力是本书分析的核心概念，本书旨在分析影响吸收能力提升的重要因素及吸收能力在产学研合作中的重要作用，从而提出企业提升自身吸收能力的措施建议。前述章节已对产学研合作企业吸收能力的概念及构成维度进行了界定，本书认为在当前开放式创新的经济背景下，对吸收能力的研究即要注重它的内在维度，也应注重它的关系维度，本书沿用 Zahra 和 George（2002）对吸收能力的经典分类，将吸收能力分为潜在吸收能力和实际吸收能力两类。潜在吸收能力是指获取和消化外部知识的能力；实际吸收能力是指转化及商业化应用外部知识的能力。若采用直观的研发投入客观度量法测量吸收能力一方面不能反映吸收能力的动态过程；另一方面也无法测量没有研发投入的企业吸收能力。所以本书主要借鉴和参考了国内外学者关于吸收能力测量的成熟量表，根据受访者的反映和建议，采取主观性测量题项，并采用 Liker 五分量予以度量。吸收能力的测量题项共有 8 项，编号分别为 V1 ~ V8（以下各题项的编号依次类推），具体如表 6.1 所示。

表 6.1   吸收能力的测量项目

测量指标	指标维度	测量题项
吸收能力	潜在吸收能力	本企业能够快速识别外部有价值的新知识 V1
		本企业获取外部新知识的方式多元化 V2
		本企业可以快速地理解外部新知识 V3
		本企业可以快速消化外部新知识 V4
	实际吸收能力	本企业能够快速将新旧知识融合 V5
		本企业注重整理和存档新知识 V6
		本企业能够快速运用新知识进行产品更新 V7
		本企业能够利用新产品开拓新市场 V8

注：本量表参考 Jansen 等（2005）；Lichtenthaler（2009）；张德茗、李艳（2011）的测试项目，并根据本研究需要进行微调。

6.1.2.2　前因变量——产学研合作组织间层面因素

根据前文已有研究可知，潜在吸收能力强调关系维度，是企业对外部新知识的获取与消化能力，是跨组织层面的能力，主要受产学研合作组织间层面因素（合作关系、知识距离、网络结构）的影响，本书对涉及的前因变量分别进行测度。产学研合作组织间层面因素（合作关系、知识距离、网络结构）的测量指标和维度全部采用现有文献中已出现或者被广泛采用的题项，以增加测量的可信度和可行性。对每个二级指标的描述和测量问题项尽量采用已经出现的测量条目，避免自行开发量表造成不必要的研究重复。对于个别测量指标的二级指标维度，与实地访谈结果有差异性的，本书不拘泥于现有文献，力求尊重研究事实，根据研究问题的特性和受访者的建议进行了调整（如知识距离）。对于一级测量指标及其测量维度（二级指标）的选择情况在本书第 5 章中已经做出分析，不再赘述，每个二级指标的测量题项的选择情况，本书在已有文献、深度访谈的基础上形成，具体参考、引用情况如表6.2 所示。

表 6.2　　　　　　　产学研合作组织间层面因素的测量项目

测量指标	指标维度	测量题项
合作关系	信任	合作各方认真执行任务 V9
		合作各方具有积极的合作态度 V10
		合作各方公正的处理合作冲突 V11
	承诺	合作各方不会因对方疏漏占便宜 V12
		合作各方投入了大量资源和资金 V13
		合作各方派出了有能力、有经验的人员 V14
	沟通	合作各方能够有效沟通 V15
		合作冲突可以有效解决 V16
知识距离	知识深度距离	合作各方在专业问题上能进行较好的沟通 V17
		合作各方成员的专业背景差异较小 V18
		本企业员工具备完成合作项目所需的专业知识 V19
	知识宽度距离	合作各方成员的工作、学习经历差异较大 V20
		合作各方的知识具有较强的互补性 V21
		合作各方的知识结构存在差异较大 V22
网络结构	网络规模	与同行相比，本企业联系的学研机构数量更多 V23
		与同行相比，本企业联系的政府部门数量更多 V24
		与同行相比，本企业联系的中介咨询机构数量更多 V25
	网络密度	与同行相比，本企业与学研机构联系更为频繁 V26
		与同行相比，本企业与政府机构联系更为频繁 V27
		与同行相比，本企业与中介咨询机构联系更为频繁 V28

注：①合作关系：测量条目参考贾生华、吴波、王承哲（2007）的测试项目，并根据本书研究需要进行微调。②知识距离：测量条目参考肖志雄（2011）的测试项目，并根据本书研究需要进行微调。③网络结构：测量条目参考窦红宾（2012）的测试项目，并根据本书研究需要进行微调。

6.1.2.3　调节变量——组织内部管理因素

考虑到将组织内部管理因素这一变量纳入"潜在吸收能力—实际吸收能力"这一关系，以反映潜在吸收能力向实际吸收能力的转化，本书对涉及的变量进行测度。组织内部管理因素是指组织内部有助于外部知识消化、整合及应用的一系列相关机制的集合，如企业组织结构、沟通机制、学习机制及企业文化。本书借鉴崔志等（2008）对组织内部管理因素的测度，根据受访者的反映和建议，使用本企业员工之间经常分享信息、本企业中基层有较大的业务自主权、本企业注重各部门成功经验的推广、本企业注重团队合作的企业文化建设 4 个题项对组织内部管理因素这一变量进行测度，具体如表 6.3 所示。

表 6.3　　　　　　　　　　组织内部管理因素的测量项目

测量指标	指标维度	测量题项
组织内部管理因素	如组织结构、内部沟通机制、学习机制、企业文化等	本企业员工之间经常分享信息 V29
		本企业中基层有较大的业务自主权 V30
		本企业注重各部门成功经验的推广 V31
		本企业注重团队合作的企业文化建设 V32

注：本量表参考崔志、于渤和崔崑（2008）的测试项目，并根据本书研究需要进行微调。

6.1.2.4　后效变量——合作绩效

合作绩效是企业进行产学研合作所期望的结果，是产学研合作一段时间以后所产生的财务或非财务的业绩。企业任何形式的安排最终目的都是为了实现自己的特定目标，绩效是这些特定目标的集中体现，也是这些特定目标实现程度和效果的最根本度量指标。企业参与产学研合作的目的也不例外，由于管理学研究方法中的问卷调研和案例分析采集客观性的财务指标难度非常大，而且某些绩效指标用财务指标数据也难以准确度量。同时，由于受访者一般对企业财务数据较为敏感，有严格保密性要求和戒备心理，一般不对外轻易披露真实的绩效数据信息。

本书认为，对合作绩效的评价应结合研究的问题和性质来衡量。企业参与产学研合作的最终目的也是为了实现组织的特定目标，这些目标的实现程度和效果通过合作绩效表现出来。考虑到企业参与产学研合作的动机、多重影响因素和多重目的性，同时考虑到数据的可得性和准确性，在合作绩效数据采集时，本书根据访谈结果和文献参考两个方面，以受访者的主观测量信息为主，用 Liker 五点量表予以度量。本书第2.2.5 小节对产学研合作绩效的测量进行了较为详细的说明，本书借鉴何泽军（2012）对合作绩效的测量，根据受访者的反映和建议，形成测量量表，具体如表 6.4 所示。

表 6.4　　　　　　　　　　　　合作绩效的测量项目

测量指标	指标维度	测量题项
合作绩效	体现在合作满意度及合作关系上	合作实现了互惠互利的合作关系 V33
		实现了既定的合作目标，并获得了新的技术成果 V34
		合作使相关人员的技能和专长得到了提高 V35
		合作增强了企业的市场竞争力 V36

注：本量表参考何泽军（2012）的测试项目，并根据本书研究需要进行微调。

6.1.2.5　控制变量

由于合作绩效还可能会受到企业规模、企业年龄等因素影响，本书在定量研究中使用员工总数来衡量企业规模，用企业成立至今的经营年限衡量企业年龄。

企业规模对创新绩效的影响是毋庸置疑的，因此，需要对企业规模进行控制。企业规模通常指组织的大小，反映了企业生产的投入和产出量。对于企业规模的测量主要有三种，即资产规模、销售总额和员工总数。例如，Bettis（1981）用企业总资产的自然对数测量企业规模；Kelly和 Amburgey（1991）曾用企业总资产来衡量组织规模；Hoffman 等（2000）曾用员工总人数来测量组织规模。企业规模对创新绩效有影响是毋庸置疑的，但是影响有多大却没有一致性的结论。有研究认为，企业规模越大，越有实力进行创新试验、越有能力承担创新可能带来的失败，也有规模优势和声誉优势，促使企业更多地投入新产品开发。然而也有研究认为，企业规模越大，协调控制难度越大，集权化程度越高，决策速度缓慢；大企业处于技术相对成熟的行业，创新方式趋于保守和稳定，创新动力不足，不利于创新产出，而小企业恰恰相反。本书研究借鉴 Ahuja（2000）的观点，用雇员人数来测量企业规模。

按学术界的惯例，企业年龄用问卷回收年份与企业创立年份的差额进行衡量。Kelly 和 Amburgey（1991）以组织变革的年度减去组织成立的年度衡量企业年龄。一种观点表明，企业年龄的增长会增加组织变革的可能性，企业年龄越大，企业积累的资源越多，组织管理的复杂性程度也就越大，企业变革的愿望也越强烈（Boeker，1997）。而 Kelly 和 Amburgey（1991）认为企业年龄的增加会降低组织变革的程度，并会增加变革的难度和时间。也有研究认为，企业成立年限越长，遗留的历史问题也越多，组织惰性也越大，遵循以往约定俗成的规则和程度的倾向也越严重，因而早期的组织结构也就越不能适应企业发展步骤（Hannan & Freeman，1984）。

6.2

数据收集与分析

6.2.1　数据收集

根据本书研究目的，本书主要对产学研合作企业吸收能力的前因后效变量进行研究，主要对上海、广东、北京、江苏、江西五个省市的产学研合作企业发放调查问卷。调研对象是受访企业的中高层管理者，包括负责全面业务的高层经理人员、分管或负责研发业务或其他分管主要业务部门的经理人员等，他们能够对企业产学研合作情况、吸收能力状况及合作绩效有比较深入的了解。

本书选取了目前产学研合作较为频繁的行业作为调查对象，主要包含软件行业、金融行业、汽车行业、医药行业、通信互联行业、交通物流行业、建筑基建行业、制造业等。

调查形式分为两种：第一种是实地调查，调研人员在进入产学研合作企业前，预先电话联系，约定好时间进入企业经营场所当面沟通、现场调查，调查之前首先说明调查的目的和重要性，并当面填写问卷，及时回收。第二种是采用问卷星，需先在调研问卷前半部分阐明调查的目的和重要性，并保证调查数据和分析结果的保密性等，然后通过大学同学、亲朋好友等社会关系以手机链接的方式请产学研合作企业中高层管理人员填答问卷。

正式调研工作历时 2 个月，从 2015 年 9 月 20 日开始，到 2015 年 11 月 20 日结束。问卷发放和回收情况如表 6.5 所示。

表 6.5 问卷发放及回收情况

项目	实地访谈样本数	问卷星	总计样本总数	样本占比（%）
发放问卷数量	110	200	310	
回收问卷数量	110	172	282	90.97
回收有效问卷数量	103	124	227	73.25

6.2.2　描述性统计分析

描述性统计分析（descriptive statistics）是做好正确统计推断的第一步。在本书中，描述性统计使用数据的频次分布、数据百分比的统计形式对样本企业特征（包括所属行业、企业规模、成立年限等）进行说明。

6.2.2.1　样本所属行业分析

根据目前产学研合作较为频繁的行业，本研究将调研对象样本所属的行业分为软件行业、金融行业、汽车行业、医药行业、通信互联网行业、交通物流行业、建筑基建行业、制造业及其他等几个类别。描述性统计结果如表 6.6 所示，几大类别所占的有效百分比分别为 25.6%、12.3%、1.3%、14.5%、19.8%、15.4%、5.3%、1.8% 和 4.0%。其中软件行业的调查对象最高，达 58 家，也说明了我国软件行业与高校、科研机构合作的密切程度，其次是通信互联网行业，反映了进入 21 世纪，我国在通信互联网业的高速发展。交通物流行业第三，具体如表 6.6 所示。

表 6.6　　　　　　　　　　　样本所属行业分析

所属行业	频率	百分比（%）	有效百分比（%）	累积百分比（%）
软件行业	58	25.6	25.6	25.6
金融行业	28	12.3	12.3	37.9
汽车行业	3	1.3	1.3	39.2
医药行业	33	14.5	14.5	53.7
通信、互联网行业	45	19.8	19.8	73.5
交通、物流行业	35	15.4	15.4	88.9
建筑、基建行业	12	5.3	5.3	94.2
制造业	4	1.8	1.8	96.0
其他	9	4.0	4.0	100
合计	227	100.0	100.0	

6.2.2.2　样本企业性质分析

一般对企业性质进行比较笼统地划分为民营企业、国有企业及外资企业三类，本书对民营企业、国有企业两类进行了细分，前者包括民营合资企业和民营控股企业，后者包括国有独资企业和国有控股企业。其中民营企业占据多数，2 个区间共占 57%，这也反映了民营资本积极与高校、科研机构合作，对国家创新能力提高的贡献较大，具体如表 6.7 所示。

表6.7 样本企业性质分析

企业类别		频率	百分比（%）	有效百分比（%）	累积百分比（%）
民营企业	民营合资	84	37.0	37.0	37.0
	民营控股	46	20.1	20.1	57.1
国有企业	国有独资	38	16.8	16.8	73.9
	国有控股	33	14.6	14.6	88.5
外资企业		26	11.5	11.5	100
合计		227	100	100	

6.2.2.3 样本企业年龄分析

表6.8反映了样本企业年龄情况，为了更好地反映企业年龄对合作绩效的影响，在调查过程中本书对研究样本的年限进行了覆盖，这样才更具有现实意义，能反映研究问题的本质。根据调查结果显示，样本企业的年龄覆盖面较广，说明了样本属性的多样性和广泛代表性。

表6.8 企业年龄分析

企业年龄	频率	百分比（%）	有效百分比（%）	累积百分比（%）
5年以下	31	13.66	13.66	13.66
6~10年	44	19.38	19.38	33.04
11~15年	104	45.81	45.81	78.85
16年以上	48	21.15	21.15	100
合计	227	100	100	

6.2.2.4 样本企业规模分析

本书用企业员工总数来表示企业规模。根据表6.9数据结果来看，调查回收的227份问卷来看，样本企业规模较为平均，反映了取样合理，数据具有说服力。1000人以上的大企业共占31.28%，100人以下的小企业共占 13.22%，中等企业分布在 2 个区间，共占 55.5%。本书的取样涉及各个生产规模的企业，随机抽样的结果同时也反映了我国各个生产规模的企业都开始重视与高校、企业合作，希望通过产学研合作提高企业绩效。

表 6.9　　　　　　　　　　　　　样本企业人数

员工总数	频率	百分比（%）	有效百分比（%）	累积百分比（%）
100 人以下	30	13.22	13.22	13.22
101～500 人	48	21.15	21.15	34.37
501～1000 人	78	34.35	34.35	68.72
1001 人以上	71	31.28	31.28	100
合计	227	100.0	100.0	

6.2.2.5　应答者个人背景分析

本书在调查过程中，还对应答者本人的背景情况进行了数据采集，以反映本问卷数据收集的客观性和真实性，同时也可以观测我国产学研合作企业的人力资源构成状况。问卷涉及应答者的年龄、性别、学历、职务、本岗位上工作年限 5 个类别（见表 6.10）。

表 6.10　　　　　　　　　　　应答者个人背景情况

类别		频率	百分比（%）	有效百分比（%）	累积百分比（%）
年龄	25 岁及以下	20	8.9	8.9	8.9
	26～35 岁	78	34.4	34.4	43.3
	36～45 岁	69	30.3	30.3	73.6
	46～55 岁	45	19.8	19.8	93.4
	56 岁以上	15	6.6	6.6	100
性别	女士	65	28.6	28.6	28.6
	男士	162	71.4	71.4	100

	类别	频率	百分比（%）	有效百分比（%）	累积百分比（%）
学历	大专及以下	32	14.1	14.1	14.1
	学士	156	68.7	68.7	82.8
	硕士	25	11.0	11.0	93.8
	博士	14	6.2	6.2	100
职务	公司高层	45	19.8	19.8	19.8
	其他中层经理	146	64.3	64.3	84.1
	研发部门负责人	36	15.9	15.9	100
工作年限	2 年及以下	23	10.1	10.1	10.1
	3~5 年	148	65.2	65.2	75.3
	6 年以上	56	24.7	24.7	100

就年龄来看，中青年是构成产学研合作企业人力资源的主力，26~45 岁人员占 64.7%，而且这些人员已经位居中层以上管理岗位，说明产学研合作企业对人才需求年轻化、专业化趋势。就性别来年，男性远远高于女性。从学历层次来看，受访者的学历层次较高，本科学历达 68.7%，研究生以上学历接近 20%。本书在职务层次上进行了控制，要求必须是中层以上主要业务部门负责人、技术研发部门负责人或者全面负责业务的公司高层填写问卷，从数据反映来看，基本上达到了问卷的预期设计要求。调查过程中对应答人员的本岗位工作年限也有控制，这主要是基于业务熟悉程度和知情度的考虑，避免应答人员碍于面子在不熟悉业务和公司创新情况的时候敷衍了事而影响调查的准确性。

6.2.2.6 样本测量数据的描述性统计分析

为了后续的实证分析，还需检验样本数据的正态分布性。从表 6.11 可见，样本数据分布在 95% 的置信区间两侧，在 0.05 的显著水平上显著，符合后续检验要求。

表 6.11　　　　　　　　变量测量题项的描述性统计分析

变量	样本量	均值		标准量	方差	偏度		峰度	
		统计量	标准误差	统计量	统计量	统计量	标准误差	统计量	标准误差
V1	227	3.4978	0.08638	1.30138	1.694	-0.779	0.162	-0.629	0.322
V2	227	3.5639	0.08559	1.28955	1.663	-0.892	0.162	-0.433	0.322
V3	227	3.5859	0.09167	1.38109	1.907	-0.861	0.162	-0.605	0.322
V4	227	3.6520	0.08956	1.34938	1.821	-0.850	0.162	-0.588	0.322
V5	227	3.6476	0.08444	1.27225	1.619	-0.731	0.162	-0.559	0.322
V6	227	3.7225	0.07692	1.15887	1.343	-0.836	0.162	-0.229	0.322
V7	227	3.7269	0.07862	1.18446	1.403	-0.601	0.162	-0.809	0.322
V8	227	3.7621	0.08131	1.22502	1.501	-0.716	0.162	-0.636	0.322
V9	227	3.6344	0.08523	1.28410	1.649	-0.719	0.162	-0.719	0.322
V10	227	3.7269	0.07661	1.15419	1.332	-0.809	0.162	-0.466	0.322
V11	227	3.6344	0.07906	1.19114	1.419	-0.703	0.162	-0.547	0.322
V12	227	3.7885	0.08163	1.22988	1.513	-0.957	0.162	-0.168	0.322
V13	227	3.7269	0.08249	1.24280	1.545	-0.794	0.162	-0.496	0.322
V14	227	3.8106	0.08079	1.21723	1.482	-0.731	0.162	-0.708	0.322
V15	227	3.8238	0.07347	1.10700	1.225	-1.067	0.162	0.384	0.322
V16	227	3.8634	0.08054	1.21343	1.472	-1.040	0.162	0.054	0.322
V17	227	3.4141	0.08820	1.32884	1.766	-0.418	0.162	-1.133	0.322
V18	227	3.4185	0.08888	1.33907	1.793	-0.432	0.162	-1.100	0.322
V19	227	3.4053	0.09034	1.36114	1.853	-0.436	0.162	-1.144	0.322
V20	227	3.8678	0.07092	1.06853	1.142	-0.853	0.162	-0.267	0.322
V21	227	3.8722	0.07054	1.06284	1.130	-0.835	0.162	-0.266	0.322
V22	227	3.8678	0.07441	1.12107	1.257	-0.934	0.162	-0.019	0.322
V23	227	3.8150	0.07801	1.17539	1.382	-0.938	0.162	-0.091	0.322
V24	227	3.7445	0.07937	1.19583	1.430	-0.842	0.162	-0.265	0.322
V25	227	3.6740	0.08282	1.24779	1.557	-0.795	0.162	-0.458	0.322
V26	227	3.5463	0.08722	1.31409	1.727	-0.638	0.162	-0.894	0.322
V27	227	3.6035	0.09008	1.35724	1.842	-0.730	0.162	-0.783	0.322
V28	227	3.6079	0.08765	1.32054	1.744	-0.632	0.162	-0.899	0.322
V29	227	3.3789	0.08802	1.32608	1.758	-0.471	0.162	-1.030	0.322
V30	227	3.5066	0.08794	1.32495	1.755	-0.567	0.162	-0.941	0.322
V31	227	3.5110	0.08615	1.29793	1.685	-0.539	0.162	-0.972	0.322

续表

变量	样本量	均值		标准量	方差	偏度		峰度	
		统计量	标准误差	统计量	统计量	统计量	标准误差	统计量	标准误差
V32	227	3.4934	0.08432	1.27039	1.614	-0.521	0.162	-0.888	0.322
V33	227	3.5198	0.08837	1.33148	1.773	-0.690	0.162	-0.834	0.322
V34	227	3.6211	0.07915	1.19256	1.422	-0.638	0.162	-0.818	0.322
V35	227	3.5771	0.08645	1.30248	1.696	-0.680	0.162	-0.785	0.322
V36	227	3.6211	0.09255	1.39439	1.944	-0.643	0.162	-0.990	0.3

6.2.3 信度检验

信度（reliability）是指标的可信赖程度。信度系数是反映测量指标信度大小的统计量，Cronbach'a 系数是最常用来检验测量量表各测量条目及整体量表的一致性与可靠性程度的统计量。Cronbach'a 系数越高，量表的信度越高，其测量标准误差越小。目前的研究认为 Cronbach'a 系数达到 0.7 以上是比较理想的。Cronbach'a 系数可用下列公式表示：

$$\partial = \frac{kr}{1 + (k-1)r} \tag{6.1}$$

其中，k 表示评估的项目数，r 是 k 个项目相关系数的均值，a 介于 0~1，值越大，表示内在信度越高。Cronbach'a 系数对信度的评价标准如表 6.12 所示。

表 6.12　　　　　　　Cronbach'a 系数评价标准参考表

Cronbach'a 值	可信程度
0.2~0.3	完全不可信
0.3~0.4	不可信
0.4~0.5	勉强可信
0.5~0.7	可信
0.7~0.9	很可信
0.9 以上	十分可信

资料来源：根据李怀祖（2004）；张文彤（2004）；吴明隆（2009）；Nunnally（1978）提出的参考标准进行整理。

同时，单个测量条目与总体测量条目的相关系数大于 0.35 以上，也是信度判断的尺度，如果相关系数低于 0.35，则考虑删除该项以观察 a 的值是否显著提升，如果显著提升则删除该项提高量表的信度（Kumar et al.，1995）。

参照以上标准，下面对涉及的变量以及量表整体情况进行逐次检验①。

6.2.3.1　吸收能力测量项目的信度检验

如表 6.13 所示，量表总体 Cronbach'a 系数为 0.932，其中潜在吸收能力的 Cronbach'a 系数（V1 ~ V4）为 0.961，实际吸收能力的 Cronbach'a 系数（V5 ~ V8）为 0.928，各测量条目的 Cronbach'a 系数都大于 0.9，校正后的各测量条目对全体条目的相关系数都大于 0.6。测量结果表明，吸收能力的测量指标，潜在吸收能力和实际吸收能力及其测量维度具有较高的信度。

表 6.13　　　　　吸收能力测量项目信度检验

测量项目	项已删除的刻度均值	项已删除的刻度方差	校正的项总计相关性	项已删除的Cronbach'a 值	全体条目Cronbach'a
量表总体					0.932
V1 能够快速识别外部有价值新知识	25.66	53.199	0.811	0.920	0.961
V2 获取外部新知识的方式多元化	25.59	53.180	0.821	0.919	
V3 可以快速理解外部新知识	25.57	52.529	0.792	0.921	
V4 可以快速消化外部新知识	25.50	52.986	0.788	0.922	
V5 能够快速将新旧知识融合	25.51	55.782	0.678	0.930	0.928
V6 注重整理和存档新知识	25.44	55.805	0.759	0.924	
V7 能够运用新知识进行产品更新	25.43	55.583	0.753	0.924	
V8 能够利用新产品开拓新市场	25.40	55.647	0.719	0.927	

注：本表在经信度检验后根据结果进行了调整，与表 6.1 有不同之处，并无冲突。

---

① 本书采用"项已删除的 Cronbach'a"系数进行检验。

6.2.3.2　组织间层面相关因素测量项目的信度检验

如表 6.14 所示，量表总体 Cronbach'a 系数为 0.894，其中合作关系的 Cronbach'a 系数（V9～V16）为 0.773，知识距离的 Cronbach'a 系数（V17～V22）为 0.780，网络结构的 Cronbach'a 系数（V23～V28）为 0.836，各测量条目的 Cronbach'a 系数均大于 0.7，校正后的各测量条目对全体条目的相关系数都大于 0.4。测量结果表明，组织间层面因素的测量指标及其测量维度具有较高的信度。

表 6.14　　　　　　组织间层面相关因素测量项目信度检验

测量项目	项已删除的刻度均值	项已删除的刻度方差	校正的项总计相关性	项已删除的Cronbach'a 值	全体条目Cronbach'a
量表总体 Cronbach'a					0.894
V9 合作各方认真执行任务	26.37	26.320	0.609	0.724	
V10 合作各方具有积极的合作态度	26.28	27.510	0.590	0.730	
V11 合作各方公正的处理合作冲突	26.37	28.140	0.509	0.743	
V12 合作各方不会因他方疏漏占便宜	26.22	30.380	0.403	0.778	0.773
V13 合作各方投入了大量资源和资金	26.18	29.080	0.400	0.762	
V14 合作双方派出了有能力的人员	26.20	28.890	0.430	0.757	
V15 合作各方能够有效沟通	26.19	29.400	0.447	0.754	
V16 合作冲突可以有效解决	26.14	27.870	0.519	0.741	
V17 合作各方在专业问题上能较好沟通	18.43	17.007	0.619	0.723	0.780
V18 合作各方成员的专业背景差异较小	18.43	16.954	0.617	0.723	

测量项目	项已删除的刻度均值	项已删除的刻度方差	校正的项总计相关性	项已删除的Cronbach'a 值	全体条目Cronbach'a
V19 员工具备完成项目所需的专业知识	18.44	17.168	0.579	0.734	
V20 合作各方成员的工作经历差异较大	17.98	20.154	0.444	0.766	0.780
V21 合作各方的知识具有较强的互补性	17.97	20.159	0.447	0.766	
V22 合作各方的知识结构存在差异较大	17.98	19.721	0.460	0.763	
V23 与同行相比，联系的学研机构数量较多	18.18	23.659	0.599	0.811	
V24 与同行相比，联系的政府部门数量较多	18.25	23.797	0.571	0.817	
V25 与同行相比，联系的中介咨询机构数量较多	18.32	23.235	0.590	0.813	
V26 与同行相比，与学研机构联系更为频繁	18.44	21.956	0.667	0.797	0.836
V27 与同行相比，与政府机构联系更为频繁	18.39	21.973	0.635	0.804	
V28 与同行相比，与中介机构联系更为频繁	18.38	22.636	0.598	0.812	

6.2.3.3　组织内部管理因素测量项目的信度检验

由于本书采用的组织内部管理因素是一个潜变量指标，所以也需要对其进行信度检验。由表 6.15 检验结果可知，组织内部管理因素总体检验结果为 0.941，各测量条目的 Cronbach'a 系数都在 0.9 以上，校正后的各测量条目对全体条目的相关系数都大于 0.8。所以，组织内部管理因素的测试指标与测量条目也都具有较高的可靠性和一致性，符合统计的要求。

表 6.15　　　　　　　　　组织内部管理因素测量项目信度检验

测量项目	项已删除的刻度均值	项已删除的刻度方差	校正的项总计相关性	项已删除的Cronbach'a 值	全体条目Cronbach'a
V29 本企业员工之间经常分享信息	10.51	13.393	0.827	0.934	
V30 本企业中基层有较大的业务自主权	10.38	12.866	0.900	0.910	0.941
V31 本企业注重各部门的成功经验的推广	10.38	13.015	0.905	0.909	
V32 本企业注重团队合作的企业文化建设	10.40	13.895	0.810	0.939	

6.2.3.4　合作绩效测量项目的信度检验

由表 6.16 检验结果可知，合作绩效总体检验结果为 0.948，各测量条目的 Cronbach'a 系数都在 0.9 以上，校正后的各测量条目对全体条目的相关系数都大于 0.8。所以，合作绩效的测试指标与测量条目也都具有较高的可靠性和一致性，符合统计的要求。

表 6.16　　　　　　　　　合作绩效测量项目信度检验

测量项目	项已删除的刻度均值	项已删除的刻度方差	校正的项总计相关性	项已删除的Cronbach'a 值	全体条目Cronbach'a
V33 合作实现了互惠互利的合作关系	10.82	13.671	0.834	0.944	
V34 既实现了合作目标，又获得了新技术	10.72	14.168	0.899	0.927	0.948
V35 合作使相关人员的技能和专长得到提高	10.76	13.297	0.912	0.920	
V36 合作增强了企业的市场竞争力	10.72	13.018	0.864	0.936	

6.2.4　效度检验

效度（validity）是指测量测量能够真实正确反映所衡量事物意义的程度效度越高表明测量指标越能够反映测量变量的真正特征。量表效度一般分为内容效度（content validity）和建构效度（construct validity）两个主要方面。

内容效度是指测量题项能否反映理论建构的内容，通常是以研究者的专业知识和理论功底来主观判断所选择的题项是否可以正确反映测量对象。题项越能清楚地反映和涵盖概念的实质含义，说明量表的内容效度越高（Sekaran，2005）。由于本书的概念模型是根据现有文献、已有研究结果、实际访谈的基础上几经修正形成的，可以认为本问卷及其测量条目能够正确反映研究的测量项目及其维度，有较高的内容效度。

建构效度也称构念效度，是指多重指标的测量理论建构对象时，变量之间能够产生趋同或相异的关系。构念效度最常用的检验方法是因子分析法，根据样本 KMO 值（kaiser-meyer-olykin）和 Bartlett 球形检验（bartlett test of sphericity），来反映是否适合采用因子分析法。KMO 系数的判断标准如表 6.17 所示。

表 6.17　　　　　　　　　　KMO 系数的判断标准

KMO 值	是否适合做因子分析
0.5 以下	不适合
0.5~0.6	不太适合
0.6~0.7	勉强可以
0.7~0.8	适合
0.8~0.9	很适合
0.9 以上	非常适合

资料来源：参考马庆国（2002）进行整理。

本书的效度分析采用因子分析法对研究问卷和量表的建构效果进行检验。

6.2.4.1　吸收能力的效度检验与因子分析

吸收能力分为潜在吸收能力和实际吸收能力两个维度。其中潜在吸收能力有 4 个测量题项，实际吸收能力有 4 个测量题项。通过 SPSS 22.0 对吸收能力量表进行验证性因子分析，其 KMO 值 = 0.797 > 0.7，Bartlett 球形检验中 X^2 统计值的显著性概率为 0.000 < 0.001（近似卡方为 2143.514，df 为 28），说明很适合做因子分析。各测量条目所对应的因子载荷如表 6.18 所示，初始特征值大于 1 的 2 个公因子共解释总体方差的 86.035%，说明本书第 6.1 节关于吸收能力的指标构建效度合理[①]。

表 6.18　　　　　　　　　　旋转后的吸收能力成分矩阵 a

测量项目	成分	
	潜在吸收能力	实际吸收能力
V1 了解要本行业最新发展技术	0.877	0.320
V2 快速识别外部有价值的新知识	0.903	0.305
V3 获取外部新知识的方式多元化	0.924	0.254
V4 快速理解消化外部新知识	0.899	0.274
V5 能够快速将新旧知识融合	0.218	0.873
V6 注重整理和存档新知识	0.287	0.891
V7 能够运用新知识进行产品更新	0.334	0.834
V8 能够利用新产品开拓新市场	0.277	0.855

注：①提取方法：主成分分析。②旋转法：Kaiser 标准化最大方差法。③a：旋转在 3 次迭代后已收敛。

---

① 本书公因子提取方法全部采用主成分法，旋转方法全部采取具有 Kaiser 标准化的正交旋转法，下面不再一一赘述。

从表 6.18 可以看出，提取的第一个公因子分别解释了潜在吸收能力的测量条目（V1 ~ V4），提取的第二个公因子分别解释了实际吸收能力的测量条目（V5 ~ V8），这说明了本书第 5 章对吸收能力的测试指标设置很合理，也适合做因子分析。

6.2.4.2　合作关系的效度检验与因子分析

合作关系由三个维度构成，分别是信任、承诺和沟通。其中信任有 3 个测量题项，承诺有 3 个测量题项，沟通有 2 个测量题项。通过 SPSS 22.0 对合作关系量表进行验证性因子分析，其 KMO 值 = 0.725 > 0.7，Bartlett 球形检验中 X^2 统计值的显著性概率为 0.000 < 0.001（近似卡方为 864.294，df 为 28），说明很适合做因子分析。各测量条目所对应的因子载荷如表 6.19 所示，初始特征值大于 1 的 3 个公因子共解释总体方差的 79.324%，说明本书第 6.1 节关于合作关系的指标构建效度合理。

表 6.19　　　　　　　　旋转后的合作关系成分矩阵 a

测量项目	成分		
	信任	承诺	沟通
V9 合作各方认真执行任务	0.834	0.148	0.220
V10 合作各方具有积极的合作态度	0.917	0.027	0.197
V11 合作各方公正的处理合作冲突	0.890	- 0.029	0.164
V12 合作各方不会因他方疏漏占便宜	- 0.014	0.837	- 0.003
V13 合作各方投入了大量资源和资金	0.118	0.846	0.004
V14 合作双方派出了有能力、有经验的人员	0.025	0.866	0.160
V15 合作各方能够有效沟通	0.180	0.048	0.903
V16 合作冲突可以有效解决	0.300	0.080	0.853

注：①提取方法：主成分。②旋转法：具有 Kaiser 标准化的正交旋转。③a：旋转后 4 次迭代后已收敛。

从表 6.19 可以看出，提取的第一个公因子分别解释了信任的测量条目（V9～V11），提取的第二个公因子分别解释了承诺的测量条目（V12～V14），提取的第三个公因子分别解释了沟通的测量条目（V15、V16），这也说明了本书第5章对组织间合作关系的测试指标设置很合理，也适合做因子分析。

6.2.4.3 知识距离的效度检验与因子分析

知识距离由两个维度构成，分别是知识深度距离和知识宽度距离。其中知识深度距离有3个测量题项，知识宽度距离有3个测量题项。通过 SPSS 22.0 对知识距离进行验证性因子分析，其 KMO 值 = 0.738 > 0.7，Bartlett 球形检验中 X^2 统计值的显著性概率为 0.000 < 0.001（近似卡方为 1265.218，df 为 15），说明很适合做因子分析。各测量条目所对应的因子载荷如表 6.20 所示，初始特征值大于 1 的 2 个公因子共解释总体方差的 89.330%，说明本书第 6.1 节关于知识距离的指标构建效度合理。

表 6.20　　　　　旋转后的知识距离成分矩阵 a

测量项目	成分	
	知识深度距离	知识宽度距离
V17 合作各方在专业问题上能进行较好的沟通	0.937	0.064
V18 员工具备完成项目所需的专业知识	0.970	0.021
V19 员工具备相关的专业职称	0.946	0.010
V20 合作各方成员的工作、学习经历差异较大	0.019	0.941
V21 合作各方的知识具有较强的互补性	0.009	0.957
V22 合作各方的知识具有一定的差异性	0.065	0.915

注：①提取方法：主成分分析。②旋转法：Kaiser 标准化最大方差法。③a：旋转在 3 次迭代后已收敛。

从表 6.20 可以看出，提取的第一公因子分别解释了知识深度距离的测量条目（V17～V19），提取的第二个公因子分别解释了知识宽度距离的测量条目（V20 ~ V22），这说明了本研究第 5 章对知识距离的测试指标设置很合理，也适合做因子分析。

6.2.4.4 网络结构的效度检验与因子分析

网络结构由两个维度构成，分别是网络规模和网络密度。其中网络规模有 3 个测量题项，网络密度有 3 个测量题项。通过 SPSS 22.0 对网络结构进行验证性因子分析，其 KMO 值 = 0.745 > 0.7，Bartlett 球形检验中 X^2 统计值的显著性概率为 0.000 < 0.001（近似卡方为 1246.342，df 为 15），说明很适合做因子分析。各测量条目所对应的因子载荷如表 6.21 所示，初始特征值大于 1 的 2 个公因子共解释总体方差的 89.371%，说明本书第 6.1 节关于网络结构的指标构建效度合理。

表 6.21 旋转后的网络结构成分矩阵 a

测量项目	成分	
	网络规模	网络密度
V23 与同行相比，联系的学研机构数量较多	0.938	0.121
V24 与同行相比，联系的政府部门数量较多	0.950	0.081
V25 与同行相比，联系的中介咨询机构数量较多	0.928	0.127
V26 与同行相比，与学研机构联系更为频繁	0.158	0.928
V27 与同行相比，与政府机构联系更为频繁	0.105	0.948
V28 与同行相比，与中介咨询机构联系更为频繁	0.070	0.939

注：①提取方法：主成分分析。②旋转法：Kaiser 标准化最大方差法。③a：旋转在 3 次迭代后已收敛。

从表 6.21 可以看出，提取的第一个公因子解释了网络规模的 V23 ~ V25 测量题项，提取的第二个公因子解释了网络密度的 V26 ~ V28 测量题项，因子载荷水平者大于 0.9，解释力很强。这说明了本书第 5 章关于网络结构的测试指标设置很合理，也适合做因子分析。

6.2.4.5 组织内部管理的效度检验与因子分析

组织内部管理因素由一个维度构成，有 4 个测量题项。通过 SPSS 22.0 对组织内部管理因素进行验证性因子分析，其 KMO 值 = 0.843 > 0.8，Bartlett 球形检验中 X^2 统计值的显著性概率为 0.000 < 0.001（近似卡方为 870.870，df 为 6），说明很适合做因子分析。各测量条目所对应的因子载荷如表 6.22 所示，提取的 1 个公因子可以解释总体方差的 85.115%，说明本书第 6.1 节关于组织内部管理因素的指标构建效度合理。

表 6.22   旋转后的组织内部管理因素成分矩阵 a

测量项目	成分
	组织内部管理因素
V29 本企业员工之间经常分享信息	0.902
V30 本企业中基层有较大的业务自主权	0.946
V31 本企业注重各部门的成功经验的推广	0.950
V32 本企业注重团队合作的企业文化建设	0.891

注：①提取方法：主成分分析。②a：已提取 1 个成分。

从表 6.22 可以看出，提取的一个公因子解释了组织内部管理因素的 V29 ～ V32 测量题项，因子载荷水平都大于 0.8，解释力很强。根据解释变量性质，可以认为关于组织内部管理因素的测量题项构建合理。

6.2.4.6 合作绩效的效度检验与因子分析

合作绩效由一个维度构成，有 4 个测量题项。通过 SPSS 22.0 对合作绩效进行验证性因子分析，其 KMO 值 = 0.825 > 0.8，Bartlett 球形检验中 X^2 统计值的显著性概率为 0.000 < 0.001（近似卡方为 965.198，

df 为 6），说明很适合做因子分析。各测量条目所对应的因子载荷如表 6.23 所示，提取的 1 个公因子可以解释总体方差的 86.911%，说明本书第 6.1 节关于合作绩效的指标构建效度合理。

表 6.23　　　　　　　　旋转后的合作绩效成分矩阵 a

测量项目	成分
	合作绩效
V33 合作实现了互惠互利的合作关系	0.907
V34 既实现了合作目标，又获得了新技术	0.945
V35 合作使相关人员的技能和专长得到提高	0.952
V36 合作增强了企业的市场竞争力	0.924

注：①提取方法：主成分分析。②a：已提取 1 个成分。

从表 6.23 可以看出，提取的一个公因子解释了合作绩效的 V33 ~ V36 测量题项，因子载荷水平都大于 0.9，解释力很强。根据解释变量性质，可以认为关于合作绩效的测量题项构建合理。

6.2.5　相关分析

利用变量间的相关系数来探讨概念模型构建中涉及的吸收能力、产学研合作组织间层面因素、组织内部管理因素以及合作绩效之间的两两相关关系。各变量间相关关系如表 6.24 所示，这些变量之间的相关系数①一一给出。同一变量的不同测量维度之间由于在因子分析过程中运用了方差最大化转轴方法，使它们之间具有独立性，所以相关系数为 0。

---

① 指双变量之间的 Pearson 简单相关系数。

表 6.24　　变量间相关系数表（N=227）

相关系数	潜在吸收能力	实际吸收能力	信任	承诺	沟通	知识深度距离	知识宽度距离	网络规模	网络密度	内部管理因素	合作绩效
潜在吸收能力	1										
实际吸收能力	0.000	1									
信任	0.389**	-0.016	1								
承诺	0.197**	0.096	0.000	1							
沟通	0.429**	0.167*	0.000	0.000	1						
知识深度距离	0.349**	0.283**	0.272**	0.214**	0.249*	1					
知识宽度距离	0.401**	0.276**	0.268**	0.105	0.135*	0.000	1				
网络规模	0.470**	0.243**	0.366**	0.145*	0.349**	0.398**	0.339**	1			
网络密度	0.343**	0.180**	0.201**	0.142*	0.182*	0.240**	0.371**	0.000	1		
内部管理因素	0.215**	0.504**	0.131*	-0.030	0.264**	0.087	0.263**	0.240**	0.225**	1	
合作绩效	0.250**	0.512**	0.112	0.170*	0.215*	0.352**	0.211*	0.327**	0.237**	0.393**	1

注：**置信度（双测）为 0.01 时，相关性是显著的；*置信度（双测）为 0.05 时，相关性是显著的。

根据表6.24可知，产学研合作组织间层面因素合作关系、知识距离、网络结构均与潜在吸收能力呈显著正相关关系，而与实际吸收能力的关系无明显特征，说明产学研合作各组织间因素对潜在吸收能力有促进作用，符合研究假设。虽然并不能直接观测产学研合作各组织间因素对潜在吸收能力的影响程度，但是可以看出产学研合作各组织间因素中合作关系、知识距离、网络结构对潜在吸收能力都具有促进作用。

由组织内部管理因素与实际吸收能力的关系来看，组织内部管理因素与实际吸收能力有较强的正相关关系，说明组织内部管理因素在潜在吸收能力与实际吸收能力中起着正向的调节作用。由实际吸收能力与合作绩效的关系来看，实际吸收能力与合作绩效有很强的正相关关系，说明实际吸收能力对合作绩效有较大的促进作用。

产学研合作组织间层面因素不同测量维度之间的相关关系在表6.24中也分别列出，由于不属于研究的范畴，这里不再一一赘言。

6.3

回归分析

通过变量间的两两相关性分析，得出"产学研合作组织间层面因素—潜在吸收能力""实际吸收能力—合作绩效"作用状况以及组织内部管理因素对实际吸收能力的作用影响。本书构建"组织间因素—吸收能力—合作绩效"概念模型的目的是揭示吸收能力在产学研合作中的重要性，并找出它们之间作用关系的关键影响因素，以最终为企业通过产学研合作提升吸收能力提供参考性依据。因此，本书采用多元线性回归分析方法，借助回归模型进一步分析变量之间的作用机制。

6.3.1　虚拟变量的设置

本书涉及的控制变量是离散变量，在做回归分析之前，需要设置虚拟变量（dummy variable）来取代这些变量参与回归分析。本书引入企业年龄和企业规模（员工总数）两个控制变量参与回归分析的模型检验。各虚拟变量赋值情况如表6.25所示。

表 6.25　　　　　　　　　　虚拟变量赋值情况

原变量	变量区间	虚拟变量1	虚拟变量2	虚拟变量3	虚拟变量4	说明
企业年龄	5年以下	0	0	0	0	参照组
	6～10年	0	1	0	0	
	11～15年	0	0	1	0	
	16年以上	0	0	0	1	
企业规模	100人以下	0	0	0	0	参照组
	101～500人	0	1	0	0	
	501～1000人	0	0	1	0	
	1001人以上	0	0	0	1	

6.3.2　产学研合作组织间层面因素对潜在吸收能力的回归分析

为了验证本书的研究假设，进一步了解自变量与因变量之间的关系，以揭示关系背后实践和理论上的启示，本书采用多元线性回归分析方法，对涉及的变量进行回归分析，模型的自变量为产学研合作组织间层面因素，因变量为潜在吸收能力，其多元回归分析结果如表6.26所示。

表 6.26　　产学研合作组织间层面因素对潜在吸收能力的回归分析

模型	非标准化数		标准系数	t	显著性	调整后的 ΔR^2	F
	ß	标准错误	ß				
常数	0.249	0.124		2.016	0.045	0.555	22.646**
企业年龄6～10年	-0.161	0.691	-0.064	-0.233	0.816		
企业年龄11～15年	-0.545	0.707	-0.272	-0.771	0.441		

续表

模型	非标准化数		标准系数	t	显著性	调整后的 ΔR^2	F
	ß	标准错误	ß				
企业年龄 16 年以上	−0.725	0.721	−0.297	−1.006	0.316		
企业规模 101~500 人	−0.025	0.691	−0.010	−0.035	0.972		
企业规模 501~1000 人	0.181	0.717	0.086	0.253	0.801		
企业规模 1001 人以上	0.410	0.725	0.190	0.565	0.572		
信任	0.157	0.052	0.157	3.023	0.003**		
承诺	0.105	0.047	0.105	2.249	0.026*		
沟通	0.273	0.051	0.273	5.586	0.000**		
知识密度距离	0.165	0.056	0.165	2.935	0.004**		
知识宽度距离	0.251	0.054	0.251	4.617	0.000**		
网络规模	0.193	0.060	0.193	3.207	0.002**		
网络密度	0.165	0.054	0.165	3.061	0.002**		

注：①因变量为潜在吸收能力。② * 表示显著性水平为 0.05， ** 表示显著性水平为 0.01，均为双尾检验。

回归分析的结果显示，产学研合作组织间层面因素的三个变量合作关系、知识距离、网络结构对潜在吸收能力影响显著。

（1）合作关系的三个维度对潜在吸收能力有正向影响作用。表 6.26 中信任对潜在吸收能力的回归系数显著（ß = 0.157，P < 0.01），H1 获得支持。这意味着产学研合作组织间合作关系的信任维度直接影响潜在吸收能力，即组织间的信任有助于提升潜在吸收能力。表 6.26 中承诺对潜在吸收能力的回归系数显著（ß = 0.105，P < 0.05），H2 获得部分支持。这意味着产学研合作组织间合作关系的承诺维度直接影响潜在吸收能力，即组织间的承诺有助于提升潜在吸收能力。表 6.26 中沟通对潜在吸收能力的回归系数显著（ß = 0.273，P < 0.01），H3 获得支持。这意味着产学研合作组织间合作关系的沟通维度直接影响潜在吸收能力，即组织间的有效沟通有助于提升潜在吸收能力。

（2）知识距离对潜在吸收能力的影响作用显著。表 6.26 中知识密度距离对潜在吸收能力的回归系数显著（ß = 0.165，P < 0.01），H4 获得支持。这意味着产学研合作组织间的知识密度距离负向影响潜在吸收能力，即减少产学研合作组织间的知识密度距离有助于提升潜在吸收能力。表 6.26 中知识宽度距离对潜在吸收能力的回归系数显著（ß = 0.251，P < 0.01），H5 获得支持。这意味着产学研合作组织间知识宽度距离正向影响潜在吸收能力，即加大产学研合作组织间的知识宽度距离有助于提升潜在吸收能力。

（3）网络结构的两个维度对潜在吸收能力有正向影响作用。表 6.26 中网络规模对潜在吸收能力的回归系数显著（ß = 0.193，P < 0.01），H6 获得支持。这意味着企业与高校、科研机构联系的数量多少直接影响潜在吸收能力，即企业联系的高校、科研机构数量越多越有助于提升潜在吸收能力。表 6.26 中网络密度对潜在吸收能力的回归系数显著（ß = 0.165，P < 0.01），H7 获得支持。这意味着企业与高校、科研机构联系的频繁程度直接影响潜在吸收能力，即企业与高校、科研机构联系越频繁越有助于提升潜在吸收能力。

综上所述，可以看出，本书的研究假设 H1、假设 H3、假设 H4、假设 H5、假设 H6、假设 H7 成立，假设 H2 部分成立，即产学研合作组织间层面因素（合作关系、知识距离、网络结构）对潜在吸收能力都有显著影响作用。

6.3.3   潜在吸收能力对实际吸收能力的回归分析

将模型的自变量定义为潜在吸收能力，因变量定义为实际吸收能力，以样本数据对此模型进行回归分析，其结果如表 6.27 所示。从表 6.27 中可以看出，潜在吸收能力对实际吸收能力正向影响作用显著（ß = 0.594，P < 0.01），因此假设 H8 成立。

表6.27 潜在吸收能力对实际吸收能力的回归分析

模型	非标准化数		标准系数	t	显著性	调整后的 ΔR^2	F
	ß	标准错误	ß				
常数	-0.081	0.151		-0.536	0.592	0.331	16.978**
企业年龄 6~10 年	0.147	0.828	0.058	0.178	0859		
企业年龄 11~15 年	0.368	0.849	0.184	0.433	0.665		
企业年龄 16 年以上	0.621	0.865	0.254	0.718	0.473		
企业规模 101~500 人	-0.180	0.831	-0.074	0.217	0.829		
企业规模 501~1000 人	-0.253	0.862	-0.120	-0.293	0.770		
企业规模 1001 人以上	-0.392	0.871	-0.182	-0.450	0.653		
潜在吸收能力	0.594	0.056	0.594	10.686	0.000**		

注：①因变量为实际吸收能力。② * 表示显著性水平为 0.05，** 表示显著性水平为 0.01，均为双尾检验。

6.3.4 组织内部管理因素的调节效应分析

如果因变量 Y 与自变量 X 的关系受到第三个变量 M 的影响，则 M 即调节变量。自变量 X、调节变量 M、因变量 Y 之间的关系可用下列方程来描述：

$$Y = aX + bM + e_1 \qquad (6.2)$$

$$Y = aX + bM + cXM + e_2 \qquad (6.3)$$

调节变量检验方法和步骤如下（Baron & Kenny, 1986；温忠麟, 2005）：

第一步，做因变量 Y 对自变量 X 与调节变量 M 的回归，得测定系数 R_1^2。

第二步，做因变量 Y 对自变量 X、调节变量 M 和交互项 XM 的回归，得测定系数 R_2^2，若 R_2^2 显著高于 R_1^2，则调节效应显著。或者，做 XM 的回归系数 c，若显著，则调节效应显著。

下面，本书将采用以上检验方法检验组织内部管理因素在潜在吸收能力与实际吸收能力关系中的调节效应。

第一步，做因变量实际吸收能力对自变量潜在吸收能力与调节变量组织内部管理因素的回归，显示测定系数 $R_1^2 = 0.480$。

第二步，加入"自变量 * 调节变量"交互项的回归，显示测定系数 $R_2^2 = 0.509$；潜在吸收能力与组织内部管理因素交互项的回归系数 c（$\beta = 0.191$，$P < 0.01$）显著，结果如表 6.28 所示。

表6.28　　　　　　　　　　调节变量的验证结果

因变量（实际吸收能力）	模型 1	模型 2	模型 3
企业年龄 6~10 年	−0.060	−0.289	−0.379
企业年龄 10~15 年	−0.136	−0.331	−0.449
企业年龄 16 年以上	−0.001	−0.173	−0.280
企业规模 101~500 人	−0.035	0.287	0.357
企业规模 501~1000 人	0.060	0.377	0.468
企业规模 1001 人以上	−0.016	0.288	0.400
潜在吸收能力		0.445 **	0.525 **
组织内部管理因素		0.391 **	0.382 **
潜在吸收能力 × 组织内部管理因素			0.191 **
R	0.117	0.692	0.713
ΔR^2	0.014	0.480	0.509
调整后的 ΔR^2	−0.013	0.460	0.489
F	0.511	25.109 **	24.983 **

注：①模型 1~模型 3 的因变量为实际吸收能力。②表中的系数为标准化回归系数的取值。③ * 表示显著性水平为 0.05，** 表示显著性水平为 0.01，均为双尾检验。

表 6.28 中，模型 1 是对控制变量的测量，模型 2 是潜在吸收能力、组织内部管理因素与实际吸收能力之间的回归分析；模型 3 是加入潜在吸收能力与组织内部管理因素的交互项后与实际吸收能力之间的回归分析。比较模型 2 和模型 3，加入潜在吸收能力与组织内部管理因素的交

互项后，标准化回归系数（ß = 0.191，P < 0.01）显著。以上结果表明，组织内部管理因素在潜在吸收能力与实际吸收能力关系间起调节作用，假设 H9 成立。

6.3.5　实际吸收能力对合作绩效的回归分析

将模型的自变量定义为实际吸收能力，因变量定义为合作绩效，以样本数据对此模型进行回归分析，其结果如表 6.29 所示。从表 6.29 中可以看出，实际吸收能力对合作绩效正向影响作用显著（ß = 0.563，P < 0.01），因此假设 H10 成立。

表 6.29　　实际吸收能力对合作绩效的回归分析

模型	非标准化数		标准系数	t	显著性	调整后的 ΔR^2	F
	ß	标准错误	ß				
常数	0.110	0.152		− 0.725	0.469	0.310	15.531 **
企业年龄 6 ~ 10 年	0.383	0.840	0.152	0.456	0.649		
企业年龄 11 ~ 15 年	0.554	0.860	0.277	0.644	0.520		
企业年龄 16 年以上	0.466	0.876	0.191	0.532	0.596		
企业规模 101 ~ 500 人	− 0.624	0.844	− 0.255	− 0.740	0.460		
企业规模 501 ~ 1000 人	− 0.546	0.875	− 0.260	− 0.625	0.533		
企业规模 1001 人以上	− 0.694	0.884	− 0.323	− 0.785	0.433		
实际吸收能力	0.563	0.056	0.563	10.122	0.000 **		

注：①因变量为合作绩效。②＊表示显著性水平为 0.05，＊＊表示显著性水平为 0.01，均为双尾检验。

6.3.6　吸收能力的中介作用检验

如果自变量 X 通过影响变量 M 来影响因变量 Y，则称 M 为中介变量。可用下列方程来描述自变量 X、中介变量 M、因变量 Y 之间的关系：

$$Y = cX + e_1 \qquad\qquad (6.4)$$

$$M = aX + e_2 \qquad\qquad (6.5)$$

$$Y = c'X + bM + e_3 \qquad\qquad (6.6)$$

本书参考 Baron 和 Kenny（1986）、温忠麟（2004）的中介变量检验方法和步骤检验吸收能力在产学研合作组织间层面因素与合作绩效关系中的中介效应。

6.3.6.1 吸收能力在合作关系与合作绩效的中介效应检验

第一，自变量合作关系与因变量合作绩效之间关系显著（ß = 0.284，P < 0.01**，见表 6.30）；第二，自变量合作关系与中介变量吸收能力关系显著（ß = 0.510，P < 0.01**，见表 6.30），中介变量吸收能力与因变量合作绩效关系显著（ß = 0.542，P < 0.01**，见表 6.30）；第三，加入中介变量吸收能力的影响，检验自变量合作关系对因变量合作绩效的作用，即做 4 的回归（见表 6.30），可用下列方程来描述变量之间的关系：

$$Y_{合作绩效} = c'X_{合作关系} + bM_{吸引能力} + e_3 \qquad\qquad (6.7)$$

表 6.30　　　　　合作关系、吸收能力与合作绩效回归分析表

回归序号	自变量	因变量	回归系数（ß）	显著性
1	合作关系	合作绩效	0.284	0.000
2	合作关系	吸收能力	0.510	0.000
3	吸收能力	合作绩效	0.542	0.000
4	合作关系	合作绩效	0.010	0.876
	吸收能力		0.537	0.000

注：* 表示显著性水平为 0.05，** 表示显著性水平为 0.01，均为双尾检验。

加入中介变量吸收能力后，自变量合作关系与因变量合作绩效之间的关系由原来的显著（ß = 0.284，P < 0.01**）变为不显著（ß =

0.010，P＞0.05），而中介变量吸收能力与因变量合作绩效之间的关系仍然显著（ß＝0.537，P＜0.01**），说明吸收能力在自变量合作关系与因变量合作绩效间起到完全中介作用。

在表 6.31 中，模型 1 是对控制变量的测量；模型 2 是未加入吸收能力前，合作关系与合作绩效之间的回归分析；模型 3 是加入吸收能力后，合作关系与合作绩效的回归分析。比较模型 2 和模型 3 合作关系与合作绩效之间存在显著的正向关系，但加入吸收能力后，正向关系显著性减弱，而吸收能力与合作绩效之间存在显著的正向关系。至此，可以判定，自变量合作关系通过影响吸收能力对因变量合作绩效产生影响，吸收能力在合作关系与合作绩效之间起到完全中介作用，假设 H11 部分成立。

表 6.31　　吸收能力在合作关系与合作绩效的中介作用检验

因变量（合作绩效）	模型 1	模型 2	模型 3
企业年龄 6～10 年	0.118	0.069	0.195
企业年龄 10～15 年	0.200	0.185	0.403
企业年龄 16 年以上	0.190	0.157	0.319
企业规模 101～500 人	－0.275	－0.225	－0.283
企业规模 501～1000 人	－0.226	－0.215	－0.336
企业规模 1001 人以上	－0.332	－0.286	－0.410
合作关系		0.284**	0.010
吸收能力			0.537**
R	0.138	0.314	0.552
ΔR^2	0.019	0.098	0.305
调整后的 ΔR^2	－0.008	0.070	0.280
F	0.715	3.417**	11.968**

注：①模型 1～模型 3 的因变量为合作绩效。②表中的系数为标准化回归系数的取值。③ * 表示显著性水平为 0.05，** 表示显著性水平为 0.01，均为双尾检验。

6.3.6.2 吸收能力在知识距离与合作绩效的中介效应检验

根据 Baron 和 Kenny（1986）、温忠麟（2004）研究的建议，在本书中：第一，自变量知识距离与因变量合作绩效之间关系显著（ß = 0.392，P < 0.01**，见表 6.32）；第二，自变量知识距离与中介变量吸收能力关系显著（ß = 0.660，P < 0.01**，见表 6.32），中介变量吸收能力与因变量合作绩效关系显著（ß = 0.542，P < 0.01**，见表 6.32）；第三，加入中介变量吸收能力后，自变量知识距离与因变量合作绩效之间的关系由原来的显著（ß = 0.392，P < 0.01**）变为不显著（ß = 0.061，P > 0.05），而中介变量吸收能力与因变量合作绩效之间的关系仍然显著（ß = 0.503，P < 0.01**），说明吸收能力在自变量知识距离与因变量合作绩效间起到完全中介作用。

表 6.32　　　　　　　知识距离、吸收能力与合作绩效回归分析

回归序号	自变量	因变量	回归系数（ß）	显著性
1	知识距离	合作绩效	0.392	0.000
2	知识距离	吸收能力	0.660	0.000
3	吸收能力	合作绩效	0.542	0.000
4	知识距离	合作绩效	0.061	0.428
	吸收能力		0.503	0.000

注：＊表示显著性水平为 0.05，＊＊表示显著性水平为 0.01，均为双尾检验。

表 6.33 中，模型 1 是对控制变量的测量；模型 2 是未加入吸收能力前，知识距离与合作绩效之间的回归分析；模型 3 是加入吸收能力后，知识距离与合作绩效的回归分析。比较模型 2 和模型 3 知识距离与合作绩效之间存在显著的正向关系，但加入吸收能力后，正向关系不显著，而吸收能力与合作绩效之间存在显著的正向关系。至此，可以判定，自变量知识距离通过影响吸收能力对因变量合作绩效产生影

响,吸收能力在知识距离与合作绩效之间起到完全中介作用,假设 H12 成立。

表 6. 33　　　　　　　　吸收能力在知识距离与合作绩效的中介作用

因变量（合作绩效）	模型 1	模型 2	模型 3
企业年龄 6 ~ 10 年	0. 118	0. 286	0. 218
企业年龄 11 ~ 15 年	0. 200	0. 433	0. 427
企业年龄 16 年以上	0. 190	0. 337	0. 335
企业规模 101 ~ 500 人	− 0. 275	− 0. 366	− 0. 298
企业规模 501 ~ 1000 人	− 0. 226	− 0. 429	− 0. 361
企业规模 1001 人以上	− 0. 332	− 0. 465	− 0. 427
知识距离		0. 392 **	0. 061
吸收能力			0. 503 **
R	0. 138	0. 407	0. 554
ΔR^2	0. 019	0. 166	0. 307
调整后的 ΔR^2	− 0. 008	0. 139	0. 282
F	0. 715	6. 229 **	12. 077 **

注:①模型 1 ~ 模型 3 的因变量为合作绩效。②表中的系数为标准化回归系数的取值。③ * 表示显著性水平为 0.05 , ** 表示显著性水平为 0.01 ,均为双尾检验。

6. 3. 6. 3　吸收能力在网络结构与合作绩效的中介效应检验

根据 Baron 和 Kenny（1986）、温忠麟（2004）研究的建议,在本书中:第一,自变量网络结构与因变量合作绩效之间关系显著（ß = 0. 393 , P < 0. 01 ** ,见表 6. 34）;第二,自变量网络结构与中介变量吸收能力关系显著（ß = 0. 615 , P < 0. 01 ** ,见表 6. 34）,中介变量吸收能力与因变量合作绩效关系显著（ß = 0. 542 , P < 0. 01 ** ,见表 6. 34）;第三,加入中介变量吸收能力后自变量网络结构与因变量合作绩效之间的关系由原来的显著（ß = 0. 393 , P < 0. 01 ** ）变为不显著（ß = 0. 095 , P > 0. 05）,而中介变量吸收能力与因变量合作绩效之间的关系仍然显著（ß = 0.483，P < 0.01**），说明吸收能力在自变量网络结构与因变量合作绩效间起到完全中介作用。

表6.34　　　　网络结构、吸收能力与合作绩效回归分析表

回归序号	自变量	因变量	回归系数（ß）	显著性
1	网络结构	合作绩效	0.393	0.000
2	网络结构	吸收能力	0.615	0.000
3	吸收能力	合作绩效	0.542	0.000
4	网络结构	合作绩效	0.095	0.188
	吸收能力		0.483	0.000

注：* 表示显著性水平为0.05，** 表示显著性水平为0.01，均为双尾检验。

表6.35 中，模型1是对控制变量的测量；模型2是未加入吸收能力前，网络结构与合作绩效之间的回归分析；模型3是加入吸收能力后，网络结构与合作绩效的回归分析。比较模型2和模型3网络结构与合作绩效之间存在显著的正向关系，但加入吸收能力后，正向关系不再显著，而吸收能力与合作绩效之间存在显著的正向关系。至此，可以判定，自变量网络结构通过影响吸收能力对因变量合作绩效产生影响，吸收能力在网络结构与合作绩效之间起到完全中介作用，假设H13成立。

表6.35　　　　吸收能力在网络结构与合作绩效的中介作用

因变量（合作绩效）	模型1	模型2	模型3
企业年龄6~10年	0.118	0.159	0.199
企业年龄11~15年	0.200	0.272	0.401
企业年龄15年以上	0.190	0.211	0.313
企业规模101~500人	-0.275	-0.289	-0.287
企业规模501~1000人	-0.226	-0.287	-0.340
企业规模1001人以上	-0.332	-0.322	-0.402

续表

因变量（合作绩效）	模型 1	模型 2	模型 3
网络结构		0.393**	0.095
吸收能力			0.483**
R	0.138	0.412	0.557
ΔR^2	0.019	0.170	0.311
调整后的 ΔR^2	-0.008	0.144	0.285
F	0.715	6.412**	12.278**

注：①模型 1～模型 3 的因变量为合作绩效。②表中的系数为标准化回归系数的取值。③ * 表示显著性水平为 0.05，** 表示显著性水平为 0.01，均为双尾检验。

6.3.7　概念模型的总体检验结果

本章的 13 个研究假设和模型验证整体结果如表 6.36 所示。

表 6.36　　　　　　　　　假设检验结果汇总

假设	关系	检验结果
H1	信任对潜在吸收能力有正向作用	成立
H2	承诺对潜在吸收能力有正向作用	部分成立
H3	沟通对潜在吸收能力有正向作用	成立
H4	知识深度距离对潜在吸收能力有负向作用	成立
H5	知识宽度距离对潜在吸收能力有正向作用	成立
H6	网络规模对潜在吸收能力有正向作用	成立
H7	网络密度对潜在吸收能力有正向作用	成立
H8	潜在吸收能力与实际吸收能力之间存在正向的相关关系	成立
H9	组织的内部管理因素在潜在吸收能力与实际吸收能力中起调节作用	成立
H10	实际吸收能力对合作绩效有正向作用	成立
H11	吸收能力在合作关系与合作绩效间起中介作用	成立
H12	吸收能力在知识距离与合作绩效间起中介作用	成立
H13	吸收能力在网络结构与合作绩效间起中介作用	成立

6.4

定量研究结果分析

基于产学研合作企业如何提升其吸收能力这一核心问题，本书通过对 227 家产学研合作企业的统计分析，根据 6.3 节回归分析的结果，本书提出的 13 个研究假设中，除 1 个研究假设部分成立外，其余的 12 个研究假设全部成立。表明本书提出的大多数假设通过验证，剔除个别部分成立项，概念模型的整体效果良好。下面对假设的检验结果进行讨论。

6.4.1 潜在吸收能力提升的影响因素

本书根据现有文献梳理出的产学研合作组织间层面因素中的合作关系、知识距离、网络结构三大关键影响因素，都不同程度地对潜在吸收能力产生一定的正向影响作用。一方面说明了模型假定的科学性，另一方面则启示我们，企业提升潜在吸收能力要充分考虑到这三大因素，它们影响到企业吸收能力的发挥。

（1）合作关系的影响作用。根据研究假设结果显示，合作关系在很大程度上影响着潜在吸收能力，合作关系的三个维度信任、承诺、沟通均对潜在吸收能力有正向影响作用。产学研合作企业在提升吸收能力的过程中，要充分考虑到与高校、科研机构的合作关系。这是因为信任与承诺是合作伙伴沟通交流的基石，通过彼此了解和信任，增加相互的交流和合作，能提高企业获取、消化外部知识的速度，因而有助于潜在吸收能力的提升。

（2）知识距离的影响作用。根据回归结果显示，知识深度距离负向影响着潜在吸收能力，知识宽度距离正向影响着潜在吸收能力。因此缩小企业与高校、科研机构的知识深度距离并扩大知识宽度距离可以有效地提高企业潜在吸收能力。企业可以通过聘请高校教师对企业员工进行整体专业技术培训，外派专业技术人员到高校进行专业进修，定期与高校及科研机构专家进行正式或非正式的技术交流活动缩小合作组织间的知识深度距离。同时，企业可以通过与不同知识背景、不同专业的高校、科研机构合作可以有效扩大知识宽度距离。

（3）网络结构的影响作用。在当前全球经济一体化的背景下，企业参与产学研合作的主要动机已转变为获取、消化创新网络中对自身创新有潜在利用价值的新知识。根据回归结果显示，网络结构在很大程度上影响着潜在吸收能力，网络结构的两个维度网络规模、网络密度均对潜在吸收能力有正向影响作用。

因此，在产学研合作过程中，企业应注重构建"政、产、学、研、用"多位一体的合作网络，注重增加合作网络的数量，扩大合作网络的规模，加强与高校以及科研机构、政府部门、供应链中的上下游企业、客户、中介机构等异质性组织的沟通交流，保持长期互惠互利的稳定关系，充分发掘合作网络的价值，构建知识、信息的平台，才能更好地利用产学研合作网络，通过合理配置外部网络资源提升获取、消化外部知识的能力。

6.4.2　实际吸收能力提升的影响因素

本书根据文献梳理出的潜在吸收能力正向影响着实际吸收能力，组织内部管理因素在潜在吸收能力与实际吸收能力关系间起正向调节作用。产学研合作企业可以通过构建有机的组织结构，提高企业内部各部门成员的沟通，提倡信息共享的观念，建设学习型组织文化，同时提供培训、工作轮岗、决策参与以及工作时间之外的非正式社会网络交流的机会，以提高企业内合作化程度的提高，促进实际吸收能力的提升。

6.4.3 实际吸收能力对合作绩效的影响效应

根据回归结果显示，实际吸收能力对合作绩效的回归系数为 ß = 0.563（P < 0.01），实际吸收能力对合作绩效具有正向影响作用。这也比较符合国内多数企业的实际情况，即在产学研合作过程中，过分依赖对高校、科研机构等外部技术的引进，而忽视对外部知识的转化与应用，结果导致合作绩效不佳。企业应在产学研合作过程中，关注对高校、科研机构等外部知识的转化与应用，通过对外部知识的转化，创新出新产品、新工艺，实现知识的商业价值和经济价值，最终提升合作绩效。

6.4.4 定量研究结论

本书的研究结论主要有以下几个方面。

第一，本书从产学研组织间层面探讨了企业吸收能力提升的前因机制，拓展了吸收能力前因的相关研究，发现了产学研组织间层面因素，如合作关系、知识距离、网络结构对潜在吸收能力提升有显著作用，进而拓展了相关研究。

第二，国内现有文献基于理论分析从过程视角认同吸收能力的两类四个维划分法，但在实证分析时忽略了各子过程之间的关系。本书结论显示，潜在吸收能力对实际吸收能力有正向影响作用，同时企业内组织管理因素在潜在吸收能力与实际吸收能力关系间起调节作用。这一结论打开了关于吸收能力各子过程之间关系的黑箱，为未来进一步研究奠定了坚实的基础。

第三，本书的研究结论对于产学研合作企业提升吸收能力有着重要实践意义。具体而言，在开放式创新背景下，我国企业应该重视产学研合作，构建"政、产、学、研、用"多位一体的合作网络，注重增加合作网络的数量，扩大合作网络的规模，与合作网络的异质性组织沟通交流，通过合理配置自己的外部网络资源提升企业获取、消化外部知识的能力。

6.5

本章小结

本章实证分析结果表明：产学研合作组织间层面因素中合作关系的信任、承诺、沟通三个维度对潜在吸收能力有显著正向影响作用；知识深度距离负向影响着潜在吸收能力，知识宽度距离正向影响着潜在吸收能力；网络结构的网络规模、网络密度两个维度均对潜在吸收能力有正向影响作用；潜在吸收能力正向影响实际吸收能力；实际吸收能力有助于合作绩效的提升；组织内部管理因素在潜在吸收能力与实际吸收能力关系间起调节作用；吸收能力在合作关系与合作绩效之间起到完全中介作用；吸收能力在知识距离与合作绩效之间起到完全中介作用；吸收能力在网络结构与合作绩效之间起到完全中介作用。

第 7 章

亚信集团案例研究

Child 和 Tsa（2005）认为案例分析方法相对于定量分析方法，更有助于了解企业决策的内外部影响因素。本章将运用单案例研究方法进一步分析影响企业吸收能力提升的组织内外部因素，以便为企业吸收能力提升提供管理建议。

7.1
案例研究概述与案例选择说明

7.1.1 案例研究概述

案例研究（case studies）可依据研究目的分为三类：按时间事件展开的描述性案例研究、强调因果关系的解释性案例研究和探索新事实、新思想的探索性案例研究。依据研究的案例数量分为两类单案例研究和多案例研究两类。基于本书的研究目标，使用单案例研究法，综合使用描述性案例研究和解释性案例研究，深入剖析经济现象。虽然 Uma Sekaran（2005）认为要求在一个复杂研究中的系列的、特定的研究假设在一个单案例研究中全部或者大部分被证实，这在理论上和实践上都被认为是不可信的，然而本书进行单案例分析的宗旨并不是要求全部证实本书研究的观点和假设，而是对理论的科学性，方向性以及内容性进行分析。结合真实的企业案例对理论进行描述性和解释性分析，可以给我们提供一个理论检验、应用和完善的平台。

本书主要是进行描述性和解释性案例研究，选取一家典型企业为案例研究对象，并根据该企业的发展历程和解决问题的经验，整理出它的产学研合作特点、组织内部管理机制特点及影响吸收能力提升的因素等。同时结合本书理论观点、定量研究结果，进一步定性检验理论的科学性。同时，根据样本企业的一些特定现象和管理中的普遍现象，进一步分析管理中的启示。吸收能力在国内理论界仍是一个相对新兴概念，在国内企业界更不为绝大多数的企业所知，本部分在研究过程中，并不要求面面俱到，而是针对研究设计汲取样本企业中与研究关键问题相关联的内容加以整理分析。本案例研究中，基于对亚信集团资源的可获得性，将主要采用文献分析法和深入访谈法。文献分析法是指利用亚信集团的内外部文献资料、学术期刊、互联网等一切能获得的资料进行提炼和分析。深入访谈法是笔者带着研究问题与亚信集团的中高层管理人员进行面对面的沟通和采访，以收集研究证据。本书采用了确定研究问题、进行案例选择、文献分析法、深入访谈法、案例信息分析、提出相关框架及结论等步骤进行案例研究。

7.1.2　案例选择说明

为了更深入地阐述产学研合作企业吸收能力提升的机理及其影响因素，本书在理论分析和实证检验的基础上，通过规范的案例调研和分析，进一步对影响产学研合作企业吸收能力提升的因素进行检验说明。

本书选取了亚信集团作为单案例研究对象。选择的原因主要有以下两点：第一，在众多的访谈企业中综合考虑到资料的可获得性、代表的广泛性、内容的典型性等几方面的内容，最终选取亚信集团作为案例企业进行案例分析。第二，亚信集团属于高科技产业中的软件通信行业，该类行业所面对的市场环境极为复杂，市场竞争激烈，为了能应对动态变化的外部环境，通常选择与高校、科研机构广泛合作，以获取前沿的基础知识，然后通过内部化应用实现知识价值的商业化和经济化，因此与本书的研究内容契合度较高。

案例研究过程中通过文献资料收集、面对面访谈和电话沟通等多种方式收信数据和信息。如通过集团公司的官方网站、查阅宣传手册等方式整理获取公司的发展历程、内部运作等相关资料，通过调研问卷填写、电话沟通、面对面访谈的方式了解公司产学研合作相关情况。

7.1.3 案例的基本情况

作为中国最大、全球领先的通信行业 IT 解决方案和服务提供商，亚信集团（以下简称亚信）自 1993 年成立起，一路助力中国互联网走过快速发展的二十多年。在当前中国经济自主创新、转型升级的关键时刻，亚信再次转型，迈入产业互联网蓝海，致力于成为"产业互联网时代的领航者"。未来，亚信将继续以民族软件业崛起为己任，凭借更高的运营效率、更强的软件产品和更好的服务能力，以创新的理念、开放的心态、合作的姿态，服务于客户，引领产业互联网的发展，让中国软件影响世界，为中国经济转型升级贡献力量。

亚信连续十年被认定为国家规划布局内重点软件企业、国家高新技术企业、国家计算机信息系统集成一级资质企业、国家信息安全服务资质（安全工程类一级）企业。2009 年入选北京市发布的"国家自主创新示范区 TOP100 企业"，同时入选"最具实力榜 TOP100""最佳创新榜 TOP100"，同时入选《华尔街日报》Power Ust。2010 年被评为中关村国家自主创新示范区"十百千工程"十亿元级培育企业，同时入选《人民邮电报》年度纺织推荐奖"2009 最佳电信运营支撑企业"，被评为中国自主品牌软件产品前十家企业、中国十大创新软件企业，并蝉联"2010 中国行业软件（服务）冠军"，在美国《财富》杂志"全球 100 家最快成长公司"排名第 26 位，并连续 3 年上榜，并于当年荣获"中国最佳人力资源典范企业"。2011年入选北京市软件和信息服务业"四个一批"工程企业"做大一批大企业"名单，入选"国家首批91家创新型企业"，荣获"中国软件行业最具影响力企业"奖、"2011年度中国最佳雇主"奖、HRA Awards"最佳HR团队"奖。2012年入围财富杂志"100家增长最快的公司"排行榜，同时入选"中国新兴跨国公司50强"，并荣获"金服务十大杰出服务商"。2013年荣获"中国创新力20强""2012中关村十大卓越品牌""2013年中国服务外包十大电信领军企业"，并荣获英国GTB会议"2013年创新奖"。2014年"业务支撑系统V5.0"入选"2013年度国家重点新产品"。

7. 2
亚信的发展历程

7.2.1　第一阶段——激情创业（1993~2000年）

1993年，"信息高速公路"概念出现，田溯宁、丁健等留美学生敏锐地看到互联网技术所蕴藏的巨大商机。凭借天使投资的50万美元田溯宁、丁健等留美学生在美国创建了互联网公司"亚信"，因为业务是信息服务，除了中国，以后还想拓展到整个亚洲，所以，公司取名Asiainfo（亚洲信息，简称"亚信"）。1995年，亚信（中国）有限公司正式成立。由于先后承建了中国联通CUNet、中国移动CMNet、中国网通CNCNet、上海热线、联通VOIP网等六大全国骨干网工程在内的近千项大型互联网系统集成业务，亚信被誉为"中国互联网建筑师"。1997年，亚信开一步拓展互联网相关业务，开始发展互联网应用软件产品。2000年，在美国成功上市，成为中国第一家在美国上市的互联网和电信软件企业。

7.2.2 第二阶段——国内高速发展 (2001～2008年)

2002年，通过收购广州邦讯科技有限公司成为国内最大的通信软件和方案提供商。2003～2005年初，先后收购太平洋软件公司核心HRM&BI业务、联想集团IT服务业务资产，进一步扩大了亚信的软件与服务的经验与能力。2005年，收购了上海长江科技、浙大兰德、上海亿软、北京国创科技等公司相关电信支撑业务，建立了在中国互联网软件、电信软件方案、安全软件与服务领域无可争议的领导者地位。亚信是伴随着互联网的普及和繁荣创立的互联网服务公司，身处高速发展的朝阳行业，抓住了几次风险投资和上市融资的机会，以融资、并购和内部发展并重的方式，使得亚信高速成长，"从中国互联网的建筑师"转变成为"通信行业IT方案及服务的支撑者"。

7.2.3 第三阶段——亚信联创，国际化发展 (2009～2013年)

2009年12月，亚信以计7.33亿美元的价格并购行内排名仅次于自己的联创，合并成立亚信联创控股有限公司（以下简称"亚信联创"），成为中国领先、世界第二大的电信BSS/OSS提供商。亚信联创集两家公司领先的市场地位、更完整的解决方案和更全面的服务于一身，为全球电信运营商提供咨询规划、系统建设及运营一体的端到端、更强大的全面服务。合并后的公司提供一站式服务的实力进一步增强，并开始进军海外市场。如今，亚信联创的通信软件解决方案和服务覆盖马来西亚、泰国、尼泊尔、菲律宾、越南、巴基斯坦等海外市场。这意味着亚信联创全面的通信软件解决方案和电信业务支撑系统获得了国际通信行业的认可，实现了国际化战略的新突破。

7.2.4　第四阶段——亚信 2.0，开启产业互联网新时代 (2014 年以后)

2014 年 1 月，亚信正式完成私有化交易并从美国纳斯达克股市退市。2014 年 5 月，亚信联创正式更名回归亚信，并开启亚信 2.0 新篇章。近年来互联网的蓬勃发展已经给传统产业带来巨大冲击。产业互联网帮助企业实现产品和服务的数字化，通过数字化互联，实现企业间的协同，塑造数字化产业新生态。2014 年，作为虚拟运营商，亚信成功地为苏宁、阿里、迪信通、联想、海尔、红豆、国美等 11 家传统企业提供了咨询和 IT 系统服务，并得到了客户的认可。亚信在产业互联网领域致力于为电信客户、虚拟运营商、行业客户、政府客户以及超过百万计的中小企业提供以"云""管""端""大数据"为核心的技术能力平台，为企业产业互联网化提供技术支撑，同时致力于成为中国最领先的 MVNE。从中国"Internet 互联网建筑师"到"支撑完美数字生活"，最终实现"产业互联网的领航者"。亚信 2.0 领航产业互联网蓝图，如图 7.1 所示。

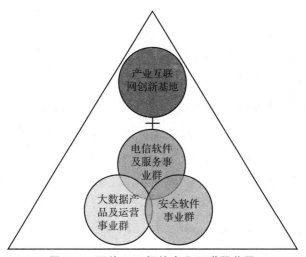

图 7.1　亚信 2.0 领航产业互联网蓝图

资料来源：www.asiainfo.com.cn。

7.3

产学研合作对亚信潜在吸收能力的影响

作为中国领先、世界第二大的电信 BSS/OSS 提供商，亚信集团意识到要想在新技术研发方面缩短与世界的差距，就必须寻求与外部技术知识源的合作，特别要加是与高校、科研机构的合作。

7.3.1 形式多样的产学研合作模式

虽然目前我国产学研合作如火如荼地展开，但国内大多数企业与高校、科研机构的合作还处于单项、短期、"一次性"的初级阶段，企业虽然与高校、科研机构，但由于难以消化吸收高校、科研机构的先进知识，陷入引进—轻消化吸收—再引进的困境中，无法通过产学研合作获取竞争优势。而亚信为了消化吸收外部知识，实现知识创新，在产学研合作领域可谓全方位拓展，合作模式多种多样，总结起来最具代表性的有以下几种。

（1）开展项目合作，实现产学研知识互补。为了解决项目中存在的问题，亚信通常以具体科研项目为依托，选择优势院校、科研机构在相关研究领域开展项目合作。为了解决中国移动 IMEI 恶意刷机问题（如不法渠道商为了套取移动公司的终端、话费补贴和酬金，在参与相应营销活动时，采取刷 IMEI 串号的方式将低端机刷为高端机，甚至出现将 iPhone 定制机外卖到省外的状况，导致中国移动 3G/4G 客户转化率降低，公司终端补贴和渠道酬金等资源流失；部分客户为了套取移动公司的终端，逃避机卡捆绑政策，在参与合约机活动后，将合约机串号刷到其他终端，冒充合约机逃避监控，导致中国移动监控数据失真，捆绑政策失效，新增市场拓展和存量保有受到影响），亚信充分利用湖南大学、南京大学数据识别技术，与湖南大学、南京大学联合开发恶意刷机识别分析技术。

近年来，亚信与高校、科研机构的合作项目众多。例如，与长春大学、吉林财经大学联合解决上海移动 MPP 数据库迁移方案，与中南大学联合开发上海移动 2014 年数据流量运营分析系统等，这些合作项目充分利用高校、科研机构的知识资源，解决了项目中存在的技术问题，取得了较好的合作绩效。

（2）共建实验室，将产学研合作进一步深化。2015 年 11 月，亚信与北京大学文理大数据中心联合建立了"大数据时代梦工厂"，此次合作是亚信产学研合作的又一次重要深化。北京大学作为国内最高的学府，主体仍以做基础技术研究为主，并不具备大量的资源去做海量的工程运作，而亚信通过与北京大学联合建立的"大数据时代梦工厂"，能够把北京大学的基础研究和产业界的现实需要有效地结合起来，通过高校、企业和政府的研究机构形成一种共建、共同发展的体制，可以在合作科研方面找到共同问题的解决方式。

亚信通过与北京大学在大数据领域的深度合作，充分利用北京大学社会科学和信息科学当中的学科优势和特色，对大数据的创新发展和对关键技术的深入研究和挖掘，为建立基于大数据分析的跨学科跨平台结构科研体系进行积极探索。此外，亚信还与中国人民大学共建"中国人民大学亚信媒体融合实验室"。

（3）开拓产学研合作，培育企业创新型人才。为了培养不同层次的人才，亚信与国内多所高校、科研机构合作开展"先期介入式"工程教育，值得一提的是亚信与北京航空大学、慧科教育推出的大数据企业定制硕士培养项目。此次三方合作的第一个落地项目是定向为亚信云基地培养大数据与云计算专业工程硕士，并以"定制培养计划、校企共同参与教学、在职学习研究"的实践与再教育相融合模式，培养打造大数据领域的工程技术型和管理型人才，从而帮助亚信云基地突破人才瓶颈，实现构建亚信产业大数据生态系统的目标。另外，三方将共建亚信大数据技术企业人才培养基地。与此同时，亚信数据公司的数据资产管理产品线总经理高伟被聘为北航软件学院大数据专业方向特聘教授。大数据已经成为中国经济结构调整和产业优化升级的重要推动力，亚信致力于推动大数据产业技术提升和行业应用，此次大数据人才培养项目是联合多方优质资源，帮助亚信的员工成为大数据领域的人才，并通过教育、研发、实践形成亚信完整的人才生态链条。

（4）由点到线再到面，产学研合作向学科领域战略合作发展。亚信在产学研合作实践中，合作模式在全方位的拓展，并开始向学科领域战略合作发展。目前，亚信正处于转型时期，为实现产业互联网领航者的战略愿景，已与多个高校、产业伙伴开展了战略合作。2015 年 8 月，亚信成立信未来校联平台（Tomorrow Asiainfo，TAI），信未来校联平台是亚信联合香港大学、中央民族大学、北京邮电大学、北京航空航天大学、中南大学、山东大学、西藏大学、海南大学、南京邮电大学等多所高校成立的，并得到了中关村软件园、政府相关部门的大力支持。信未来校联平台是亚信与高校一起进行的一次共同尝试。

亚信每年出资近百万元人民币支持 TAI 社团活动，定期组织文体类和关怀类活动、技术讲座、技术大赛，并提供相应的资金、技术讲师和管理类的支持。在社团活动中让学生更了解自己，在社团活动中提升自己，为将来就业打好基础，同时也让企业更了解学生需求、学生的特点，为亚信获取更合适的人才做储备。亚信正处于转型期，实现产业互联网领航者的战略愿景需要人才保证，TAI 的成立能够帮助亚信引进更多新鲜血液、优秀人才，为实现让中国软件影响世界的理想而共同努力。

7.3.2 亚信的产学研合作类型

根据亚信的产学研合作模式，可分为问题解决型的项目合作、技术应用型的共建实验室、人才培养型的网络联盟三种类型。

7.3.2.1　问题解决型的项目合作

亚信在具体项目上选择与高校、科研机构合作，一般都是由于企业虽然在这一专业领域具有一定的技术知识，但是拥有的知识量并不充足，无法靠自身的专业知识解决产品技术中存在的问题。这时企业主要以解决问题为主，通过与高校、科研机构合作解决产品技术问题。这类合作通常是单项的、短期的、一次性的线型合作，产学研合作组织间关系较为松散，如图 7.2 所示。

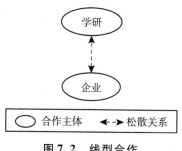

图 7.2　线型合作

由于这种合作企业与高校、科研机构关系比较松散，合作的目标一般短期化，此时合作双方关系不稳定，信任感较低，为防范合作中的风险，合作双方均不愿投入过多资源，企业虽可以通过项目合作获取对自身创新有利用价值的新知识，但是由于是点对点合作，可获取、消化的知识有限，企业潜在吸收能力提升缓慢。

7.3.2.2　技术应用型的共建实验室

亚信拥有国内领先的软件通信技术，为了更好地将这些软件通信技术应用，实现知识价值的经济化和商业化，亚信与国内多所高校联合共建实验室。此类合作一般是企业已经在某一专业领域拥有较为丰富的知识，企业为了避开"熟悉陷阱"，通过选择与自身知识技术水平接近的高校共建实验室进行替代技术的开发，并与下游企业建立产业联盟实现技术的应用。这类合作通常是长期的、桥梁型合作，产学研合作组织间关系较为紧密，如图7.3所示。

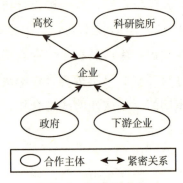

图7.3 桥梁型合作

由于这种合作企业与高校、科研机构关系紧密，合作时间较长，合作各方信任感增强，企业和高校、科研机构也愿意投入更多资源进行合作。由于合作各方有机会在同一地点沟通交流，并且参与合作的机构较多，有利于企业获取、消化多元化的外部新知识。

7.2.3.3 人才培养型的网络联盟

目前亚信正处于转型期，为了实现产业互联网领航者的战略蓝图，急需大量的软件人才。为了储备更适合企业发展需要的人才，亚信与国内多所高校、产业伙伴共同开展了人才培养型的网络战略联盟合作。此类合作专注于基础的、前沿的技术研究，并要求企业高层参与，使得产学研合作成为企业的一种战略行为。这类合作通常是长期的、网络型合作，产学研合作组织间关系为互相依赖型，如图7.4所示。

由于这种合作企业与高校、科研机构关系互为依赖型，合作关系正式化，形成了稳定的战略联盟合作伙伴关系，企业和高校、科研机构资源参与程度提高，投入的组织资源也不断增加。由于参与合作的伙伴众多，关系稳定，有利于企业更好地获取、消化不同合作伙伴知识，从不同合作伙伴获取创新所需知识。

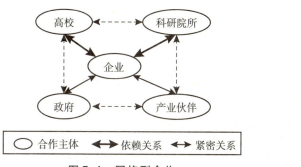

图 7.4　网络型合作

7.3.3　亚信潜在吸收能力提升研究

从上述内容可见，亚信与高校、科研机构的合作形式是多种多样的。其合作模式具有多元化特点，从在某个项目上与高校、科研机构点对点的线型合作，到组织间桥梁型合作（企业、高校与科研机构共建实验室），再到多类型组织的网络型合作（企业、高校与科研机构、产业伙伴、政府等协同的战略联盟）合作；其合作组织间的关系多样化，从松散型到紧密型再到相互依赖型；其合作的技术层次从解决问题的技术终端合作到共建实验室的技术应用合作再到关注基础的、前沿的技术研究合作。总结而言，合作模式从简单合作到多元化、网络化联盟合作，对潜在吸收能力的影响也不同，这是因为参与合作的组织多少，合作关系的紧密程度都会影响到企业获取、消化外部知识的能力。Belderbos 等（2004）认为企业与高校和产业链企业等多个伙伴合作更有利于实现突破性创新绩效。在知识的获取、消化阶段，高校、科研机构是其关键合作伙伴，而在转化和应用阶段，除自身因素起到关键作用外，其他外部组织如产业链上伙伴的作用也是不可忽视的。通过以上分析本书总结了不同产学研合作类型，对潜在吸收能力的影响，具体如图 7.5 所示。

通过分析发现，产学研合作类型涉及合作伙伴关系的亲密程度、合作伙伴知识的相似程度、参与合作的组织成员的多少，这些因素均会影响企业对外部知识获取与消化能力。本书总结了产学研合作类型与潜在

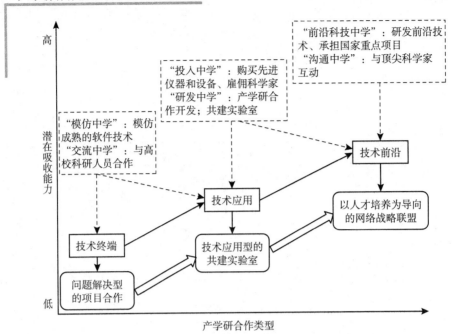

图7.5 产学研合作类型与潜在吸收能力的关系

吸收能力的关系（见表7.1），并认为产学研合作组织间层面因素是影响潜在吸收能力的关键因素。

表7.1 产学研合作类型与潜在吸收能力的关系

合作类型	问题解决型的项目合作	技术应用型的共建实验室	人才培养型的网络战略联盟
合作成员	高校或科研机构	高校、科研机构、政府部门	高校、科研机构、政府部门、产业伙伴
合作关系	合作组织间关系松散，合作目标注重短期利益，合作组织间信任感较差，为防范合作风险，企业、高校或科研机构均不愿投入过多资源，合作组织间沟通较少	合作组织间关系紧密，合作目标注重长期利益，合作组织间信任感较强，企业、高校与科研机构也愿意投入更多资源进行合作，由于合作各方在同一地点进行研发活动，使合作各方有更多的沟通交流机会	合作组织间互相依赖，互相信任，合作关系正式化，是稳定的战略联盟合作伙伴关系，合作目标通常是为了实现企业的战略蓝图，企业和高校、科研机构资源参与程度提高，投入的组织资源也不断增加。通过组织各种活动（如技术讲座、技术大赛、文体类与关怀类的社团活动）使合作各方频繁交流与沟通

续表

合作类型	问题解决型的项目合作	技术应用型的共建实验室	人才培养型的网络战略联盟
知识距离	技术终端合作，此时企业在某一专业领域内的知识有限，通常选择在该专业领域具有优势的高校或科研院所合作，知识深度距离较大，企业吸收高校、科研机构的专业知识存在一定的困难	技术应用合作，企业通常选择与自身专业技术水平接近的高校、科研院所共建实验室，知识深度距离较小，有利于企业更好地吸收高校、科研院所的隐性知识	技术前沿合作，为了实现战略蓝图，企业通常选择与自身技术水平发展需要的多个高校、科研院所、产业伙伴合作，此时知识深度距离较小，有利于企业吸收合作伙伴的专业知识；另由于合作伙伴众多，各合作伙伴知识背景差异较大，知识宽度距离较大，有利于企业获取、消化多元化外部知识
网络结构	点对点的线型结构，企业只与高校或科研机构联系	企业为中心的桥梁结构，企业接触的异质性组织增加	以企业为中心的网络结构，网络内的异质性组织众多，网络规模较大，企业频繁与网络内的合作伙伴沟通交流
潜在吸收能力	能够获取、消化的外部知识有限，潜在吸收能力提升缓慢	能够获取、消化的外部知识增加，潜在吸收能力提升加快	可以从不同创新源获取创新所需的外部知识，有利于企业更好地获取、消化不同合作伙伴知识，潜在吸收能力提升迅速

7.4

亚信组织内部管理因素

企业内部组织结构、沟通机制、学习机制及企业文化的不同特征，将决定获取、消化的外部新知识在企业内部转化和商业化应用。作为中国最大、全球领先的通信行业 IT 解决方案和服务提供商，亚信提供的项目解决方案和服务提供系统通常由多组织多主体合作完成，组织内外的沟通机制、组织结构、企业文化、学习机制等都会影响知识在组织内部的交互共享，影响外部知识的在企业内部的转化和应用、进而影响企业绩效。亚信坚持产学研合作，充分利用外部科技优势资源，同时积极有效配置内部资源，推进社会化支持体系和企业内部支持体系相结合。亚信在与高校、科研院所联合开发的项目中，通过建立内部培训机制、沟通机制以及内化的企业文化等使其能够更好地将获取、消化的外部知识应用到项目开发中，也表明与潜在吸收能力相匹配的组织内部管理因素有力地提升了实际吸收能力。

7.4.1 亚信的组织结构

组织决策需要靠组织结构层层执行，组织决策的过程本身就是一个密集的知识转移和吸收的过程（Holsapple，2001）。组织结构主要通过影响知识在组织内部的流动和扩散来影响实际吸收能力。

从成立到现在，为适应公司战略的调整，亚信的组织结构也不停地更新，从最初的直线管理结构到现在的事业部制。目前亚信已经建立起完善的组织管理体系，亚信集团公司由亚信软件、亚信安全、亚信数据、亚信云、亚信国际五个事业部组成。每个事业部下设研发体系。

由图7.6可以看出，亚信集团公司采用的是按市场划分的事业部制组织结构。亚信集团总部只保留各事业部高层领导人事决策决，并通过各事业部的上报的利润指标对事业部进行控制和监督，而每个事业部独立经营，自负盈亏。由于每个事业部独立经营，事业部的领导层有高度的自主决策权，有利于调动他们的工作积极性并全面锻炼他们的管理能力。为了实现利润，事业部的领导层会积极主动吸收外部新知识，并促进新知识在部门内部流动与扩散，将新知识与部门内部原有知识结合创新出新产品、新技术。例如，亚信数据将外部医疗知识与组织内部大数据知识相结合，创新出亚信智慧医疗产品。该产品针对我国医疗资源供需矛盾问题，以监管和服务为主线，通过信息化手段，创新医疗卫生管理和服务方式，重点着力于数据整合、医疗协同、医药监管、便民服务四个方面，促进了优质医疗资源纵向和横向

流动，使医疗卫生管理和服务向集约化、整体化、互联网化、智慧化
方向发展。

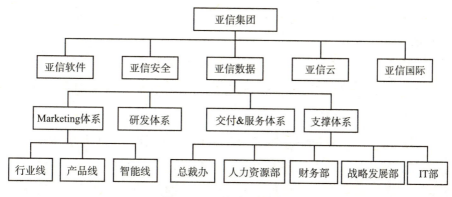

图 7.6　亚信的组织结构

资料来源：亚信数据总裁办提供。

亚信集团公司的事业部的组织结构充分证实了分权的组织使参与决
策者的数量增加，决策者会积极利用现有的知识并积极吸收新的知识，
并将新旧知识融合应用于产品或服务中，进而提升了实际吸收能力
（Pertusa－Ortega，Zaragoza－Sáez & Claver－Cortés，2010）。张光磊、刘
善仕和彭娟（2012）的实证研究也发现，在中国情境下，相对于有机而
分权的企业，高度集权的企业知识获取途径死板而单一，且研发团队成
员获取外部异质性知识的动力不足，由于成员间缺乏内部沟通从而影响
了对知识的吸收利用。相对于集权的组织，分权的组织可以促进组织与
外界新旧知识的同化。

7.4.2　亚信的内部沟通机制

沟通机制的差异会影响知识在组织内部的扩散，进而影响实际吸
收能力。组织内部沟通机制，即部门与部门之间和员工与员工个体之

间的交流，也能促进知识的转化和新知识的产生（Nonaka，1994）。组织内部正式与非正式的沟通机制，都有利于知识在组织内部的流动与共享，从而提升组织内部的知识共享程度，改善组织内部知识的分布，有利于新旧知识的融合与转化，也为知识的商业化应用打下良好的基础。

亚信有员工月度沟通流程。通过月度沟通达成各级领导与下级的交流看法的沟通习惯。所有经理应与直接下属每月做一次面对面的沟通，有书面记录。主要内容包括：月度总结，下月计划，工作中的困难，需要协调事宜等。上级指出工作中需加强和改善事项。下个月的沟通中应包括对上个月指出的需改善事项的行动结果，以及需要上级协调情况的处理情况。月度沟通流程增进了上下级员工的信任，促进了知识在上下部门间的流动与共享。

亚信还有明确的职位轮岗（job rotation）机制。领导岗位、关键岗位的原则上三年轮岗一次，并且在轮岗期间叠加级别而非清零。例如，产品线负责人、解决方案部负责人、省份及解决方案部的产品线经理、与解决方案部经理及省份的解决方案部经理之间的轮岗；普通员工岗位两年轮岗一次，如不同产品线，职能部门岗位的轮岗。亚信的职位轮换机制，使同层级的员工有机会接触到不同部门的专业知识，提升了他们的知识宽度与深度；并且推动了部门间的合作，换位思考，丰富了跨部门工作的经验和技能。

7.4.3 亚信的内部学习机制

企业内部的学习强度和学习方法也会影响外部新知识在企业内部的扩散、转化和商业化应用。在获取外部知识资源过程中，亚信与北京邮电大学、北京航空航天大学、中南大学、长春大学、吉林财经大学、湖南大学、南京大学、信息产业部电信研究所等高校和科研机构联合成立合作研究室和战略性技术联盟，并通过外部学习获取高校、科研机构的先进知识和技术，但企业内部学习才是将这些获取的知识被有效吸收和应用的关键。

为了有效地学习和应用外部知识，作为"中国 IT 业的黄埔军校"，亚信的内部学习机制可谓是非常完善。第一，构建了集学习交流和信息资源共享为一体的 e-learning 学习平台，e-learning 学习平台打破了传统的集中培训模式，拓展了员工的学习途径，使员工可以在任何时间、任何地点进行学习与交流，有效地促进了知识在企业内部的共享与交流。第二，利用便利的学习交流网络，通过项目小组、学习小组等多种形式构建外部知识捕捉、实践探索的交互式学习机制，促进了知识在组织内外部的互动与交流，从而促进了知识的融合。第三，亚信要求每位员工和管理者每个月至少参加一次培训（包括产品技术培训），各职能部门、产品线、解决方案部至少每个季度应举办一次培训，并且每个季度应安排一次相关外派培训，使员工知识的知识存量大幅增加。另外，亚信积极鼓励员工参与产品设计，在这种引导下，亚信员工积极吸纳、集聚与组合创新型的知识，不断提高自身素质，提高工作技能，从而使企业将外部知识内化，成功应用获取的新知识。第四，为与国际化接轨，获取国际化先进的技术知识，亚信还鼓励员工在不同国家进行轮岗，国际化团队的人员流动，有效地拓展了员工的国际化知识水平。

7.4.4　亚信的企业文化

"以信致远，以精致臻"是亚信在国内二十余年来发展的特色企业文化。"以信致远，以精致臻"要求每一位亚信人始终以诚信为本，以精益求精为前进动力，打造出一个具有深厚责任感与进取心的优秀团队，最终达到最高的发展境界。

以信致远，是企业内每一位员工都应遵守的道德规范和行为准则。诚信是经济社会中人与人之间互信、互利的良性互动关系的道德杠杆，是企业取得长远发展必须遵守的信条。在推动中国通信行业的信息化进程中，亚信走过的每一步都秉持着诚信的基本原则。

以精致臻，昭示的是亚信不断深入、创新超越的进取心态，是一种对完善、完美境界孜孜不倦的追求精神。亚信以"专注""专业"著称于业内，成为中国企业长久发展的最值得信赖的战略伙伴。从"中国互联网的建筑师"到信息时代的软件巨人，亚信之所以能够取得今日之成就，与其"以精致臻"的精神密不可分，正是这种精神让亚信能够始终站在技术前沿。

"以信致远，以精致臻"是在亚信的发展历程中形成的特色文化的核心，亚信员工普遍认为亚信的企业文化具有较强的包容性，对各种思想和价值观表现出不排斥和接纳性，比较开放。亚信创始人田溯宁、丁健是海归人士，思想比较开放，而引进的职业经理来自不同的公司，拥有不同的文化和思想，拥有的员工学士学位以上的员工占93%，硕士学位以上的员工占17%，具有海外留学经历的员工占8%，一支由留学生、职业经理人及本地优秀人才共同组成的管理团队把世界上最先进的技术、管理与中国丰富的人力资源、巨大的市场和独特的民族文化相融合。开放的组织文化宽容友好，能够容忍错误，鼓励员工学习和共享知识，也支持员工之间相互交流知识，有利于企业外部知识在组织内容的共享与转移。在国际化发展中，亚信的企业文化体现出包容性和多样性内容，有效地提高了企业的实际吸收能力。

7.5

亚信产学研合作的运行成效

亚信自创业以来二十余年里，取得了辉煌的成就。从中国互联网的建筑师，到通信行业 IT 方案及服务的支撑者，再到产业互联网的领航者，这一路走来，亚信坚持产学研合作，充分利用外部科技优势资源，同时积极有效配置内部资源，推进社会优势资源和企业内部优势资源相结合，对吸收能力的提升起到了有利的促进作用，同时也对企业经营绩效的持续增长发挥了积极有效的推动作用。

7.5.1　亚信吸收能力提升轨迹

作为中国最大、全球领先的通信行业 IT 解决方案和服务提供商，亚信提供的项目解决方案和服务提供系统具有知识密集性、多组织协同的复杂性。亚信通过与高校、科研机构进行形式多样的产学研合作，引进高校、科研机构的先进知识和经验，并通过有效地组织内部管理机制促进知识的充分流动，以解决由于多组织协同、多主体参与而导致的大量知识共享性差、流动性差的弊端，通过社会支持体系和企业内部支持体系相结合，这样企业获取、消化的大量外部知识能够企业内部被最大化程度的转化及商业化应用。

通过以上研究发现，产学研合作组织间层面因素如（合作关系、知识距离和网络结构）影响潜在吸收能力，而组织内部管理因素（组织结构、组织沟通机制、组织内部学习机制及企业文化）有效地提升了吸收能力的转化率。这些影响因素使得企业通过合作创新网络知识共享平台获取的隐性知识（社会化过程），通过消化后将隐性知识用显性化的概念和语言清晰表达（外部化过程），经过组织内部管理因素系统化整理添加到企业知识库中，并与企业知识库中原有知识融合重组后转化为新的显性知识（整合化过程），最后企业根据创新目标，将重组后的显性知识加工升华成新的隐性知识，并最终进行商业化（内部化过程）。显隐性知识的转换过程也是吸收能力的提升过程。亚信的吸收能力提升轨迹如图 7.7 所示。

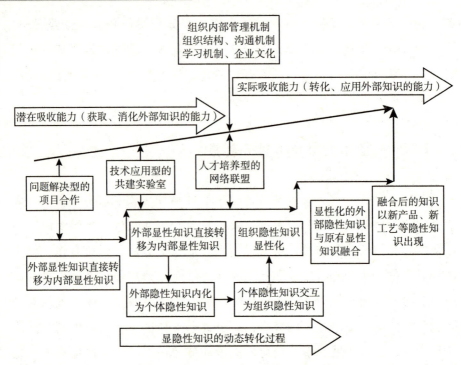

图 7.7　亚信集团的吸收能力提升轨迹

资料来源：在吕一博（2014）基础上修改。

7.5.2　亚信产学研合作绩效分析

亚信在其近二十余年的发展历程中，取得了辉煌的成就。通过产学研合作，特别是在基础性和前瞻性研究领域的合作，实现了自主创新，提升了知识的获取、消化、转化及商业化应用能力，即吸收能力。同时，亚信拥有十大技术研发中心，拥有百余项中国、美国注册专利，年申报专利数 12 项，对自主技术的产生和发展形成了有力的拉动作用。

亚信通过产学研合作充分利用外部科技资源优势，同时积极有效配置企业内部支持体系，使企业经营绩效得到持续有效增长。2010～2012年年收入增长率分别为 60.64%、40.07% 和 13.90%，毛利润增长率分别为 49.66%、22.59% 和 3.00%。亚信为了在软件通信领域始终领先地位，一方面积极与高校、科研院所合作，另一方面自己研发，每年投入的研发费用持续增加，2010～2012 年研发费用投入增长率分别为15.22%、22.90%、39.21%。2013 年公司以 8.9 亿美元完成私有化交易，从美国纳斯达克退市（见表 7.2）。私有化的亚信仍保持高昂的增长势头，2015 年亚信年收入达 10 亿美元，其产品在中国市场占有率达 70%。

表 7.2　　　　　　　　亚信近年的财务指标　　　　　　单位：百万美元

项目	2012 年	2011 年	2010 年	2009 年
营业收入	547.87	480.98	343.38	213.76
营业成本	333.76	273.10	173.80	100.45
毛利润	214.11	207.89	169.58	113.31
研发费用	80.66	57.94	35.04	30.41
税前利润	35.09	60.80	63.29	38.35
税后利润	30.01	72.90	53.73	33.46
净利润	32.60	74.47	55.14	33.89

注：2013 年该公司进行了私有化，财务数据不便公布。
资料来源：亚信集团公司财务中心提供。

7.6

亚信吸收能力提升的基本经验

亚信的发展历程表明，通过产学研合作充分利用外部科技优势资源，同时积极有效配置企业内部组织资源，推进社会支持体系和企业内部支持体系相结合，对吸收能力的提升起到了有利的促进作用，同时也对企业经营绩效的持续增长发挥了积极有效的推动作用。亚信近二十多年经历取得的辉煌成就、探索出的道路值得思考和借鉴。

7.6.1　加强与外部组织的合作

（1）良好的合作关系有利于潜在吸收能力的提升。产学研合作过程中由于知识流向的不对称性，高校、科研机构在向企业提供知识的同时可能导致自身核心知识的丧失，这种顾虑必然会在客观上增加企业获取、消化外部知识的难度。良好的合作关系有利于合作伙伴相互信任，有利于合作双方共享知识。案例研究发现，亚信在产学研合作过程中会依据不同的合作目标选择合适的产学研合作类型，人才培养型的产学研合作是长期的、网络型合作，合作组织间互为依赖关系，合作伙伴间相互信任，企业和高校、科研机构资源参与程度提高，投入的组织资源也不断增加。由于参与合作的伙伴关系稳定，有利于企业获取、消化高校、科研机构的知识资源，大幅度提升了潜在吸收能力。

（2）应注意合作伙伴间的知识距离。研究表明，知识距离显著影响到潜在吸收能力的提升。知识深度距离与潜在吸收能力成反向关系，知识宽度距离与潜在吸收能力成正向关系。由此可知，要提高潜在吸收能力，必须缩小合作伙伴间的知识深度距离，扩大知识宽度距离。亚信在产学研合作过程中，通过聘请高校教师对企业员工进行整体专业技术培训，外派专业技术人员到高校进行专业进修，定期与高校及科研机构专家进行技术交流活动，并鼓励非正式的技术交流活动等方式有效缩小了知识深度距离；通过与不同知识背景的高校、科研机构合作，通过委培等方式鼓励员工到高校吸收各种新知识，来扩大知识宽度距离。这些措施有效地提高了企业获取、消化外部知识的能力。

（3）构建"政、产、学、研、用"多位一体的网络结构。由于知识的快速更新，企业在持续创新的过程中会在同一时期需要多元化的异质性知识，从而实现多种层次的技术创新。亚信研究结论证明："政、产、学、研、用"多位一体的产学研合作创新模式有利于企业获取、消化多元化异质性知识，从而提升潜在吸收能力。外部知识源的应用已经显著转向"开放式创新"系统，依赖于知识更强的可获取性，一个开放的网络创新系统能够有效提升潜在吸收能力。

合作创新网络的成员应包括高校和科研机构，供应链中的上下游企业，政府及客户，这样可以使企业接触到丰富的外部知识，拓宽知识界面，从而增强企业获取、消化外部知识的能力。

7.6.2　注重组织内部管理机制建设

在亚信的发展历程中，组织结构跟随公司战略的调整在不断更新。目前亚信采用的是按市场划分的事业部制组织结构，这种分权的有机组织使参与决策者的数量增加，决策者在利用现有知识的同时积极吸收外部新知识，并将新旧知识融合应用于产品或服务中，有效提升了实际吸收能力。

亚信明确的职位轮岗机制、员工月度沟通流程、集信息与交流功能为一体的立体化运营平台，使员工有机会接触到不同部门的多样化知识和专业知识，拓宽了员工的知识宽度与深度，有利于知识在组织内的流动、扩散和共享。

亚信构建了与战略愿景相适配的信息捕捉、理论研究、实践探索和经验交互式学习机制，e-learning 系统平台为亚信提供了便利的学习交流网络和信息资源，通过项目小组、学习小组、员工轮换、定期培训等多种形式进行技术互动和知识融合，亚信的企业内部学习机制使获取的外部知识被有效吸收和应用。

亚信"以信致远，以精致臻"的开放式企业文化宽容友好，能够容忍错误，促进了知识在企业内部各部门的流动与共享，有效地提升了企业转化、商业化应用外部知识的能力。

7.6.3　有效利用外部优势资源与内部优势资源

亚信在产学研合作过程中，一方面注重对高校、科研机构等外部合作伙伴知识的获取、消化，另一方面又注重外部知识在企业内部的转化及商业化应用，做到了协调顺畅，极大程度地提升了吸收能力。

在利用外部科技资源优势方面，亚信坚信要在研发新技术、快速响应市场变化方面快速缩短与世界的差距，就必须寻求与外部技术知识源的合作，尤其是加强与高校、科研机构的合作。亚信基于不同的合作目标，选择不同的合作类型，如问题解决型的项目合作、技术应用型的共建实验室、人才培养型的网络联盟。通过形式多样的产学研合作，亚信与国内多所高校、科研机构保持良好稳定的合作关系，并通过产学研合作创新网络，促进显隐性知识在网络内部的流动、共享，有利于亚信获取、消化对其创新有利用价值的新知识，从而推动创新活动的进行。

在有效配置内部资源方面，亚信非常重视组织内部的管理机制建设。亚信提供的项目解决方案和服务提供系统通常由多组织多主体合作完成，组织结构、组织内的正式和非正式沟通方式、组织内部学习、企业文化等都会影响知识在组织内部的交互共享，进而影响知识的转化及商业化应用。亚信通过构建分权的事业部制组织结构、集信息与交流功能为一体的立体化运营平台，便利的学习交流网络和信息资源、开放的企业文化，促进对显隐性知识的转化及商业化应用。

需要指出的是，亚信的多元化产学研合作类型与组织内部管理经验是该企业发展过程中尝试与开拓出来的一条探索性道路，这条道路上积累起来的案例与经验为业界和学界提供了丰富的实践范本。本书的研究主题是"产学研合作企业吸收能力提升研究"，在研究过程中，以研究内容和研究兴趣为导向，汲取和整理出来大量的资料、案例分析都是围绕着这个研究主题展开的，这并不排除亚信取得辉煌成就的背后有其他方面的深刻原因。本案例的研究过程也是一个从归纳到演绎，再从演绎到归纳的过程。亚信只是本书理论研究的一个案例，但不是一个特例，该公司的行业特性和发展特性并不影响本书的研究结论，而是本书研究结论的延伸、理论结合实际的范例以及实践基础上的理论提炼。

7. 7

本章小结

　　本章以亚信集团作为典型案例，通过对其产学研合作类型及组织内部管理因素的深入剖析，发现产学研合作企业吸收能力提升的主要影响因素。亚信近二十多年取得的辉煌成就、探索出的道路值得业界思考和借鉴，企业应重视产学研合作，并尽量地构建"政、产、学、研、用"等优质合作创新网络，为企业获取多元化外部知识提供便利。在积极获取外部社会支持系统的同时，企业还应构建内部支持系统，合适的组织结构、便利的沟通方式、有效的内部学习机制、开放的企业文化等，这些内部支持系统可以有效促使外部知识在组织内部的交流共享，有利于将外部新知识与原有知识融合转化为企业内部知识，最终实现商业化应用。

第 8 章

研究结论与展望

本章首先根据前述各章的研究结果，归纳和总结本书的主要研究结论，并在结论总结的基础上提出企业管理实践的启示，然后，分析本书研究中存在的不足，并指出未来研究方向。

8.1
研究的主要结论

本书结合吸收能力理论、知识管理理论与合作创新理论的核心观点，探讨产学研合作企业吸收能力提升的动态过程，分析影响产学研合作企业吸收能力提升的关键因素，构建"影响因素—能力转换—绩效"的理论模型，并针对我国产学研合作企业研究样本展开问卷调查，实证研究产学研合作企业吸收能力提升的前因后效变量，为进一步弥补定量研究存在的局限性，采用单案例研究进一步实证分析，力争寻找和解释产学研合作企业吸收能力提升的影响因素，为我国产学研合作企业提升吸收能力提供借鉴。本书的主要研究结论有以下几个方面。

（1）产学研合作过程实际上是企业吸收能力的动态提升过程。产学研合作过程实际上是企业不断获取、消化外部知识，并将消化后的外部知识与企业原有知识融合并进行商业化应用的过程。企业通过合作创新网络不断获取高校与科研机构专业技术背后的隐性知识（社会化过程，

socialization），并将隐性知识消化后用显性化的概念和语言清晰表达，其显性手段有隐喻、概念、模型、类比（外部化过程，externalization），经过系统化整理添加到企业知识库中，并与企业知识库中原有知识融合重组后转化成新的显性知识（整合化过程，combination），最后企业根据创新目标，将转化后的显性知识加工升华成新的隐性知识，并最终进行商业化应用（内部化过程，internalization），即以新产品、新工艺、现存产品和工艺改进的形式出现。当知识从高校与科研机构转移到企业时，企业所获得的知识已经不是原来意义上的知识，而是包涵了新的创新知识，这些新知识以具体的商业成果的形式出现，如新产品、新工艺、现存产品和工艺的改进等，当这种新的创新知识再通过若干个 SECI（社会化—外部化—整合化—内部化）循环传递到起始点的时候，它已经经过多次螺旋演化最终实现知识的系统化、复杂化与全面化发展，这一过程实质上也是企业吸收能力的动态提升过程。

（2）构建了"影响因素—能力转换—绩效"三位一体的产学研合作企业吸收能力提升的理论模型。对产学研合作企业而言，企业与高校、科研机构等外界组织间的各种因素如知识相似性、关系紧密度、网络强度等都会影响到企业潜在吸收能力，而组织内部因素对实际吸收能力具有调节作用，从知识积累到知识应用最终对组织绩效产生影响。因此本书构建了"影响因素—能力转换—绩效"三位一体的产学研合作企业吸收能力提升的理论模型，该模型围绕着组织内外因素对潜在吸收能力和实际吸收能力的影响及潜在吸收能力向实际吸收能力转换这两大核心过程，在两在过程的融合下，实现吸收能力的提升及对组织系统的功能贡献。

（3）影响吸收能力不同维度提升的因素不同。在开放式创新的经济背景下，学者们越来越关注吸收能力的关系维度。借鉴前人关于吸收能力的相关研究成果，本书将吸收能力划分为潜在吸收能力和实际吸收能力两个维度。其中，潜在吸收能力是跨组织层面的能力，主要受组织外部环境的影响，产学研合作组织间层面因素（合作关系、知识距离、网络结构）是影响潜在吸收能力提升的关键因素；实际吸收能力是组织内部层面的能力，主要受组织内部环境的影响，组织内部管理因素可以有效促进潜在吸收能力向实际吸收能力转化，提升实际吸收能力。通过对上述各主要变量进行测量，得出各主要变量均具有较好的信度和效度。对上述因素进行回归分析，得出以下结论：

产学研合作关系对潜在吸收能力的影响效应很显著，这说明产学研合作各方良好的信任、承诺、沟通有助于提升潜在吸收能力。知识距离对潜在吸收能力的影响作用也很显著，这说明企业在选择产学研合作对象时，既要注意吸收合作对象的专业知识，也要注意到多元化知识所带来的创意。网络结构对潜在吸收能力的影响作用也是显著的，在产学研合作过程中，"政、产、学、研、用"等异质性组织组成的合作创新网络，有助于企业接触到丰富的外部知识，企业应加强与外部组织的联系，频繁的联系沟通有助于企业消化吸收外部知识，提升潜在吸收能力。

组织内部管理在潜在吸收能力与实际吸收能力关系间起到调节作用，为使获取消化后的外部知识能在企业内部转化并进行商业化应用，企业还应重视组织结构、沟通机制、学习机制、企业文化等组织内部管理机制的建设，企业内外部资源的协调匹配更有利于吸收能力的提升。

实际吸收能力有助于合作绩效的提高。潜在吸收能力是企业利用外部知识的前提和基础，而实际吸收能力才是企业不断利用外部知识创新并保持竞争优势的关键。在产学研合作过程中，由于知识资源的异质性，企业通过与高校、科研机构沟通与交流，不断地识别、获取有利用价值的外部知识，促进了知识存量的增长，再通过有效的组织内部管理机制对知识进行整合、转化和应用，创新出新产品、新技术，实现知识价值，提升合作绩效。

（4）吸收能力在产学研合作过程中起到了关键作用。实证检验发现，吸收能力在合作关系与合作绩效间起到完全中介作用，在知识距离与合作绩效间起到完全中介作用，在网络结构与合作绩效间起到完全中介作用，这说明吸收能力是影响产学研合作成功的关键因素，产学研合作企业应重视对吸收能力的培育。在吸收能力培育的过程中，既要充分重视对外部优势知识资源的利用，同时也要积极有效配置企业内部组织资源，推进社会化支持体系和企业内部支持体系相结合。

8.2
对企业管理实践的启示

结合本书的定量研究结论及亚信集团吸收能力的提升经验，在完善吸收能力提升的相关理论同时，也为产学研合作企业如何利用产学研合作创新平台来提升吸收能力，获取竞争优势提供实践建议。根据本书的相关研究，从以下几个方面提出提升产学研合作企业吸收能力的建议，以期为企业管理者找到提升吸收能力的关键作用点。

8.2.1　企业应重视对组织间层面关键作用点的优化

（1）企业应重视与高校、科研机构合作关系的建设。产学研合作为企业提供了良好的学习平台，使企业可以通过合作创新网络获取对自身创新有潜在利用价值的知识，从而增加自身的知识存量。然而，企业不可能通过短期的合作，大幅度的提升自己的知识存量，组织间学习是一个长期过程。企业通过与高校、科研机构建立长期的、紧密的合作关系有利于合作组织间相互依赖、相互信任，基于信任的基础合作组织会增加资源的投入。由于产学研合作是基于长期共同利益建立的紧密合作关系，这种合作可以有效缓解高校与科研机构对企业机会主义行事的担心，有利于企业获取、消化高校与科研机构的核心知识资源，从而为潜在吸收能力的提升打下坚实的基础。

（2）企业应重视对产学研合作伙伴的选择。企业与高校、科研机构之间的知识距离是一定存在的，正是知识距离的存在刺激了企业与高校、科研机构的合作。然而，知识距离在很大程度上影响着企业获取、消化外部知识的能力，因此，企业在选择合作伙伴的过程中即要注意与高校、科研机构之间的知识深度距离，又要注意与高校、科研机构之间的知识宽度距离。由于知识深度距离与潜在吸收能力成负向关系，知识宽度距离与潜在吸收能力成正向关系，因此，企业在选择合作伙伴时应选择在本专业领域领先的高校与科研机构，通过聘请高校与科研机构的专家对企业员工进行整体专业技术培训，外派专业技术人员到高校进行专业进修，定期与高校及科研机构专家进行正式或非正式的技术交流活动等方式获取、消化高校与科研机构的专业知识。同时要注意高校与科研机构的知识背景，以有效扩大知识宽度距离。

（3）企业应重视产学研合作网络结构的优化。产学研合作是一个复杂的合作创新网络，不只是狭义的与高校、科研机构的合作。由于网络结构中的网络规模、网络密度均正向影响潜在吸收能力，所以企业应构建与高校、科研机构合作为核心，辅以相关政府部门、供应链中的上下游企业、客户、中介机构等异质性组织的复杂合作创新网络，并加强与创新网络内成员的密切联系。"政、产、学、研、用"多位一体的产学研合作创新模式蕴藏了大量的潜在知识资源，拓宽了企业的知识界面，网络内频繁流动的异质性知识有利于提升了企业获取、消化外部知识的能力。

8.2.2 企业应积极配置组织内部优势资源

企业通过加强与外部组织的合作可以有效提升获取、消化外部知识的能力，但是获取和消化外部知识能力强并不一定意味着转化和商业化运用外部知识的能力强，因为企业成功获取和消化外部知识只是增加了知识存量，只有企业能成功转化和商业化应用这些外部知识，才能增强企业竞争力。企业通过积极配置组织内部优势资源，可以有效缩小潜在吸收能力与实际吸收能力之间的差距。产学研合作企业可以通过构建分权的有机组织结构，提高企业内部各部门成员的沟通，提倡信息共享的观念，建设学习型组织文化，同时提供培训、工作轮岗、决策参与以及工作时间之外的非正式社会网络交流的机会，以充分促进企业内部知识的流动与共享，提升实际吸收能力。

8.2.3 协同产学研合作优势资源与组织内部管理优势资源

高校、科研院所拥有较多的基础性知识资源，企业通过产学研合作可以获取、消化其创新所需多领域基础知识。然而，单靠外部知识源企业很难实现知识的内部转化及商业化应用，因此同时需要内部管理机制的配合，通过有机的组织结构、开放的沟通系统及学习机制，能够使获取的外部新知识在系统内交流共享，从而将外部新知识转化为企业内部知识，并进行知识的商业化应用，进而提升企业的吸收能力，促进合作绩效的提升。可见，企业为了提升吸收能力需要将外部支持系统与内部支持系统相匹配，如果企业仅使用外部支持系统获取外部知识源而忽视知识在企业内部的应用，则很可能缺乏知识的应用能力而无法将知识进一步转化为新产品。相反，如果企业仅重视内部支持系统的建设而不与外部知识源接触，那么企业可能因陷入"成熟陷阱"而不能实现长期增长。

8.3

研究的局限性及未来展望

8.3.1 研究的局限性

本书在现有文献研究的基础上，提出了产学研合作企业吸收能力提升的一般分析框架，分析了产学研合作企业吸收能力提升的动态过程，并对产学研合作企业吸收能力提升的组织内外影响因素进行了理论分析与实证检验，然而由于受到各种主客观因素的制约，本书也仅是窥视了吸收能力提升的"冰山一角"，仍然存在许多研究不足：

（1）忽略了产学研合作其他因素对吸收能力的影响作用。产学研合作企业吸收能力提升问题是个很庞大的研究领域，内容涉及很多，研究仅对"组织间因素—吸收能力—合作绩效"的作用机理进行实证，虽然对产学研合作企业吸收能力提升的组织间因素进行了分析，但没有对产学研合作的其他因素（合作类型、合作动机、合作管理模式）对吸收能力的影响作用进一步进行实证分析。

这一方面也受研究时间和篇幅的限制。在研究选题、研究方向确定、文献综述整理、研究问题提出和研究方案设计上，耗费了很多时日，在数据的调研工作上极具难度，为了保证调查数据的准确翔实，更是投入了大量的时间和精力亲自调查、现场走访。由于时间和精力有限，希望今后从事的研究能沿着这个方向继续深入，弥补本书留下的缺憾。

（2）单案例研究可能会影响到论述的有效性。为了弥补定量研究的不足，本书进行了典型案例分析，进一步汲取更多的研究资料，深入探究产学研合作企业吸收能力提升的影响因素和对企业的实践意义。然而，本书进行的是单案例研究，研究对象选择的单一性可能会在一定程度上影响这种论述的有效性。因此，未来将进一步对比同产业不同企业以及不同产业企业的产学研合作实践，以检验本书结论的有效性，使得研究结论更加完善并更具有普适性。

（3）没有对不同性质的产学研合作企业细分研究。本书的研究对象是"产学研合作企业"，基于调研数据的可获得性，样本只对企业进行了"产学研合作"与"非产学研合作"进行了筛选，而并没有对"产学研合作企业"进一步进行细分。不同性质的"产学研合作企业"，其影响吸收能力提升的因素可能会存在一定差异，如对高新技术产业而言，研发投入也是影响其吸收能力提升的主要因素。因此，未来研究中，应针对不同性质的"产学研合作企业"进一步进行深入分析影响吸收能力提升的关键变量。

（4）基于研究条件的限制，只研究了几个最主要的变量。产学研合作企业吸收能力提升和合作绩效受到许多因素的综合作用，本书受研究条件的限制，尽可能地简化理论模型，使定量分析和实证研究能够最大程度上符合理论假定，涉及的变量也只是几个最主要的影响因素，这可能会使模型设定存在一定程度上的偏差。在今后的研究中，应尽量识别出更重要的影响因素，纳入分析框架，并综合考虑这些重要因素的协同作用。

8.3.2　未来研究展望

产学研合作长期以来受到我国管理理论学者与企业管理实践工作者的关注，但我们对其的认识却仅是冰山一角，未来的研究方向与范围有进一步扩大的可能性，未来理论研究和企业管理实践关注的焦点应包括：

（1）关注产学研合作的其他因素对吸收能力提升的影响。产学研合作的其他因素如产学研合作模式、合作动机也可能影响吸收能力的提升。从理论上探索与实证分析这些因素对吸收能力的影响，将有助于企业更好地运用产学研合作培育吸收能力。

（2）探讨不同性质的产学研合企业吸收能力提升的路径。不同性质的产学研合作企业，其影响吸收能力提升的因素会存在一定差异，因此未来对不同性质的产学研合作企业进行细分研究，如高新技术产学研合作企业、生物科学产学研合作企业，有针对性对这些产学研合作企业吸收能力提升进行研究。

（3）深化组织内部管理因素的调节效应。本书将组织结构、组织内部沟通机制、组织学习、企业文化较为笼统地归结为组织内部管理因素，用以探讨吸收能力不同维度之间的调节变量。未来可以从组织内部学习机制、组织内部沟通机制等视角进一步深入研究潜在吸收能力与实际吸收能力之间的调节变量。

综上所述，本书对产学研合作企业吸收能力提升的影响研究仅仅是两者关系探讨的一小部分，在此基础上，未来更多有价值的问题值得我们继续深入探讨。

附录一 《产学研合作企业吸收能力提升研究》学术性调查问卷

尊敬的先生/女士：

您好！这是一份关于"产学研合作企业吸收能力提升研究"的学术性调查问卷，目的是探讨产学研合作企业吸收能力提升的前因后效，进而为产学研合作企业提升吸收能力提供理论及实践建议。您所提供的信息对于我们的研究十分重要！①本次调研相关数据仅供学术研究之用，您回答的信息将被严格保密，请您根据实际情况放心作答。②问卷答案无所谓对错，只需迅速、如实填写，尽量反映贵企业产学研合作方面的真实情况。③每题只选一个答案并逐一填写，因无法统计分析答题不全的问卷，故恳请您不要遗漏任何一题。如果某题描述的情况与您单位的实际情况不符，也请您选最接近的一个答案。请在合适的选项上打"√"。

再次感谢您对我们研究工作的大力支持！

敬祝：工作如意，万事顺心！

江西财经大学工商管理学院

2015 年 9 月

如果您对本研究的分析结果感兴趣，可以通过以下途径免费共享：

联系人：艾志红；电子邮箱：aizihong2001@126.com。

第一部分：产学研合作及其对企业吸收能力的影响

（一）潜在吸收能力

序号	问项	不符合	比较不符合	不确定	比较符合	完全符合
1	本企业能够快速识别外部有价值的新知识	①	②	③	④	⑤
2	本企业获取外部新知识的方式多元化	①	②	③	④	⑤
3	本企业可以快速理解外部新知识	①	②	③	④	⑤
4	本企业可以快速消化外部新知识	①	②	③	④	⑤

（二）实际吸收能力

序号	问项	不符合	比较不符合	不确定	比较符合	完全符合
1	本企业能够快速将新旧知识融合	①	②	③	④	⑤
2	本企业注重整理和存档新知识	①	②	③	④	⑤
3	本企业能够快速运用新知识进行产品更新	①	②	③	④	⑤
4	本企业能够利用新产品开拓新市场	①	②	③	④	⑤

（三）合作关系

序号	问项	不符合	比较不符合	不确定	比较符合	完全符合
1	合作各方认真执行任务	①	②	③	④	⑤
2	合作各方具有积极的合作态度	①	②	③	④	⑤
3	合作各方公正的处理合作冲突	①	②	③	④	⑤
4	合作各方不会因他方疏漏占便宜	①	②	③	④	⑤
5	合作各方投入了大量资源和资金	①	②	③	④	⑤

续表

序号	问项	不符合	比较 不符合	不确定	比较 符合	完全 符合
6	合作各方派出了有能力、有经验的人员	①	②	③	④	⑤
7	合作各方能够有效沟通	①	②	③	④	⑤
8	合作冲突可以有效解决	①	②	③	④	⑤

（四）知识距离

序号	问项	不符合	比较 不符合	不确定	比较 符合	完全 符合
1	合作各方在专业问题上能进行较好的沟通	①	②	③	④	⑤
2	合作各方成员的专业背景差异较小	①	②	③	④	⑤
3	本企业员工具备完成项目所需的专业知识	①	②	③	④	⑤
4	合作各方成员的工作、学习经历差异较大	①	②	③	④	⑤
5	合作各方的知识具有较强的互补性	①	②	③	④	⑤
6	合作各方的知识结构存在差异较大	①	②	③	④	⑤

（五）网络结构

序号	问项	不符合	比较 不符合	不确定	比较 符合	完全 符合
1	与同行相比，本企业联系的学研机构数量更多	①	②	③	④	⑤
2	与同行相比，本企业联系的政府部门数量更多	①	②	③	④	⑤
3	与同行相比，本企业联系的中介机构数量更多	①	②	③	④	⑤
4	与同行相比，本企业与学研机构联系更为频繁	①	②	③	④	⑤
5	与同行相比，本企业与政府机构联系更为频繁	①	②	③	④	⑤
6	与同行相比，本企业与中介机构联系更为频繁	①	②	③	④	⑤

（六）组织内部的管理因素

序号	问项	不符合	比较不符合	不确定	比较符合	完全符合
1	本企业员工之间经常分享信息	①	②	③	④	⑤
2	本企业中基层有较大的业务自主权	①	②	③	④	⑤
3	本企业注重各部门的成功经验的推广	①	②	③	④	⑤
4	本企业注重团队合作的企业文化建设	①	②	③	④	⑤

（七）合作绩效

序号	问项	不符合	比较不符合	不确定	比较符合	完全符合
1	合作实现了互惠互利的合作关系	①	②	③	④	⑤
2	实现了合作目标，获得了新的技术成果	①	②	③	④	⑤
3	合作使相关人员的技能和专长得到提高	①	②	③	④	⑤
4	合作增强了企业的市场竞争力	①	②	③	④	⑤

第二部分：本企业产学研合作基本情况

1. 本企业成立于_____年；目前有员工_____人。

2. 本企业的企业性质：

□民营合资　　□民营控股　　□国有控股　　□国有独资

□外资企业

3. 本企业所在行业领域：

□软件行业　　□金融行业　　□汽车行业　　□医药行业

□通信、互联网□交通、物流　□建筑、基建　□制造业

□其他

4. 本企业近三年来参与的产学研合作项目数量为：

□1～3个　　　□4～9个　　　□10个以上

5. 与本企业合作的高校与科研机构所在地一般都位于：

□与本企业同一城市　　　□与本企业同一省份

□与本企业临近省份　　　□与本企业较远的省份

□国外或港澳台地区

6. 本企业目前主要的产学研合作方式（可多选）：

□聘请高校老师为企业员工进行培训、开办讲座

□聘请高校老师为企业长期顾问

□为合作高校学生提供实习机会

□购买高校与科研机构的研究成果（专利）

□签订了正式合同的委托研发

□联合研发项目

□合作培养博硕士研究生

□企业员工到高校进修

7. 本企业进行产学研合作，主要是因为（可多选）：

□技术发展需要　　　□业务发展需要

□缓解生存压力　　　□政府政策支持引导

□其他

第三部分：个人背景资料

1. 您目前的职位是：

□公司高层　　　□其他中层经理

□技术研发部门负责人

2. 您在贵单位工作了几年：

□2年及以下　　□3～5年　　　□6～10年　　　□10年以上

3. 您在目前职位上工作了几年：

□2 年及以下　　□3～5 年　　　　□6 年以上

4. 您的性别：

□女士　　　　　□男士

5. 您的年龄：

□25 岁及以下　□26～35 岁　　□36～45 岁　　□46～55 岁

□56 岁以上

6. 您的最高学历：

□大专及以下　□学士　　　　□硕士　　　　□博士

附录二　亚信访谈提纲

一、访谈主题

产学研合作企业吸收能力提升研究

二、访谈员的自我介绍

您好，本项目组目前正在进行一项针对产学研合作企业吸收能力提升状况的调查研究，在众多企业中，相关主管部门重点推荐了贵单位作为我们深度访谈的对象，谢谢你们的配合。

三、访谈目的

本访谈的目的主要是了解一下企业在产学研合作方面的基本情况，并了解产学研合作对企业知识获取、消化、转化及应用方面带来的影响。从企业得到的第一手访谈资料，进行学术研究之用，旨在为企业的发展提供可行性建议。我们的调研资料仅供研究之用，对外严格保密，请放心作答。如果贵单位对这个研究比较感兴趣，我们可以在调研结束并形成研究结论后，给贵单位提供一份范本。

四、访谈对象

企业中高层管理人员 1~2 名

五、访谈前调查

请贵单位的中高层经理 2~3 名，填写《产学研合作企业吸收能力提升》的调查问卷。

六、访谈的主要问题

1. 请您介绍一下贵单位的基本情况、您本人的情况及所负责的工作。

（企业性质、成立日期、员工人数、主营业务、在同行业的竞争地位和主要的竞争对手；所在部门、职务、年龄、学历、管理风格和任职年限）

2. 请您介绍一下贵单位的发展历程。

（初始阶段、发展阶段、成熟阶段；每阶段的重要标志性事件是什么？各阶段的战略目标是什么？）

3. 贵单位未来的发展规划是什么？未来的核心竞争优势可能是什么？希望通过什么方式或渠道来提高创新需要的知识与技能？

4. 贵单位以前的产学研合作经历。

（贵单位加入产学研合作的动因是什么？一般会在哪些项目上选择合作？选择的产学研合作模式是什么？合作效果如何？）

5. 贵单位在合作过程中是否会信任合作伙伴？是否会投入一定的资源保证合作成功？是否会与合作伙伴保持紧密的沟通联系？您认为这些因素是否有助于企业对外部知识的获取与消化？

6. 在产学研合作过程中，贵单位在合作伙伴选择上会考虑哪些因素？（地理位置临近？专业知识接近？相关知识互补？）贵单位能在合作过程中获取到自己需要的知识资源吗？

7. 在产学研合作过程中，贵单位是否会有意地构建"政、产、学、研、用"多组织的创新网络？并与网络中的其他组织保持密切沟通、交流？贵单位认为多组织的创新网络是否更有利于获取外部知识资源？

8. 贵单位的组织结构设计（金字塔型、扁平化/集权化、有机化）适应战略需要吗？中基层领导有多大的自主决策权？员工能够自行安排工作日程吗？鼓励员工安守本分还是富有创新思维？

9. 上下级关系如何，交流沟通的主要方式是什么？是否有明确的职位轮换机制？各部门之间或者员工之间能相互分享知识和技术吗？通过什么方式和渠道，有没有什么障碍？

10. 贵单位在鼓励员工学习方面有哪些措施？针对员工是否有较完善的培养方案，是否会对员工进行定期培训？

11. 公司的企业文化如何？能用 3 ~ 5 个词形容公司的组织文化吗？（如宽松、创新、程序化、友谊）

12. 贵单位的内部制度（如沟通制度、企业文化）是否有利于改进现有产品和服务或者开发新的产品和服务？

13. 如何理解吸收能力概念的，怎样协调企业内外部资源提高企业创新绩效？

14. 您认为贵单位的竞争优势主要来源于什么？如何理解产学研合作与吸收能力之间的关系？过去 3 年合作绩效如何？

七、结语

根据您的介绍和对本单位的了解，我们从贵单位获得宝贵的资料。在接下来的研究中，我们想把贵单位作为一个典型的案例进行分析，需要提供一些后续资料以供深入研究，贵单位是否愿意接受？请提供公司简介、发展历程、主要业务介绍、部门职能设置、产学研合作情况、组织结构、内外部学习和交流机制、产学研合作方面创新成功和失败的案例。

参 考 文 献

[1] 艾志红, 谢藤. 产学研协同创新的知识转移演化博弈与仿真分析 [J]. 南昌大学学报 (人文社会科学版), 2015, 46 (4): 77 - 82.

[2] 安德森等. 社会心理学 (第五版) [M]. 侯玉波等, 译. 北京: 中国轻工业出版社, 2006: 87 - 90.

[3] 安世虎. 组织内部知识共享研究 [D]. 天津: 天津大学, 2005.

[4] 常荔, 李顺才. 论基于战略联盟的关系资本的形成 [J]. 外国经济与管理, 2002, 24 (7): 29 - 33.

[5] 巢乃鹏. 知识管理——概念, 特性的分析 [J]. 学术界, 2000 (5): 14 - 23.

[6] 陈搏. 知识距离与知识定价 [J]. 科学学研究, 2007, 25 (1): 14 - 18.

[7] 陈光华, 梁嘉明, 杨国梁. 企业吸收能力、政府研发资助与外部知识获取对产学研创新绩效的影响研究 [J]. 中国科技论坛, 2014 (7): 68 - 74.

[8] 陈劲, 蒋子军, 陈钰芬. 开放式创新视角下企业知识吸收能力影响因素研究 [J]. 浙江大学学报, 2011, 41 (5): 71 - 82.

[9] 陈柏村. 知识管理: 正确概念与企业实务 [M]. 南京: 南京大学出版社, 2007: 128 - 131.

[10] 崔志, 于渤, 崔崑. 企业知识吸收能力影响因素的实证研究 [J]. 哈尔滨工业大学学报 (社会科学版), 2008, 10 (1): 127 - 132.

[11] 邓颖翔. 吸收能力对校企合作绩效的影响研究 [D]. 广州: 华南理工大学, 2011.

［12］邓颖翔，朱桂龙．产学研合作绩效的测量研究［J］．科技管理研究，2009（11）：468-470.

［13］刁丽琳．产学研合作契约类型、信任与知识转移关系研究［D］．广州：华南理工大学，2013.

［14］窦红宾，王正斌．网络结构、吸收能力与企业创新绩效［J］．中国科技论坛，2010（5）：25-30.

［15］樊霞，赵丹萍，何悦．企业产学研合作的创新效率及其影响因素研究［J］．科研管理，2012，33（2）：33-39.

［16］付敬．企业共性技术创新、吸收能力及其对创新绩效的影响研究［D］．广州：华南理工大学，2013.

［17］郭斌，谢志宇，吴惠芳．产学研合作绩效的影响因素及其实证分析［J］．科学学研究，2003，21（z1）：140-147.

［18］郭霖，帕德瑞夏·弗莱明．企业家信任水平、组织结构与企业成长——中国中小高科技企业的一个实证分析［J］．厦门大学学报，2005（1）：103-110.

［19］何泽军．产学研合作与企业动态能力提升的理论与实证研究［D］．武汉：武汉大学，2012.

［20］胡恩华．产学研合作创新中问题及对策研究［J］．研究与发展管理，2002，14（1）：54-57.

［21］惠青，邹艳．产学研合作创新网络、知识整合和技术创新的关系研究［J］．软科学，2010（3）：4-9.

［22］稽登科．企业网络对企业技术创新绩效的影响研究［D］．杭州：浙江大学，2006.

［23］贾生华，吴波，王承哲．资源依赖、关系质量对联盟绩效影响的实证研究［J］．科学学研究，2007（4）：334-339.

［24］简兆权，吴隆增，黄静．吸收能力、知识整合对组织创新和组织绩效的影响研究［J］．科研管理，2008，29（1）：80-87.

［25］简兆权，占孙福．吸收能力、知识整合与组织知识及技术转

移绩效的关系研究 [J]. 科学学与科学技术管理, 2009 (6): 81 - 86.

[26] 焦俊, 李垣. 基于联盟网络的企业知识获得和技术创新 [J]. 研究与发展管理, 2008, 20 (1): 104 - 109.

[27] 李东红, 李蕾. 组织间信任理论研究回顾与展望 [J]. 经济管理, 2009, 31 (4): 173 - 177.

[28] 李俊华. 双元性组织: 创新与平衡 [M]. 北京: 经济科学出版社, 2014: 71 - 73.

[29] 李西垚, 张晓炜, 刘衡. 外包中知识吸收能力的影响因素分析 [J]. 科技进步与对策, 2009, 26 (5): 110 - 113.

[30] 李焱焱, 叶冰, 杜鹃等. 产学研合作模式分类及其选择思路 [J]. 科技进步与对策, 2004 (10): 98 - 99.

[31] 连燕华, 马晓光. 我国产学研合作发展态势评价 [J]. 中国软科学, 2001 (1): 54 - 59.

[32] 廖成林, 袁艺. 基于社会认知理论的企业内知识分享行为研究 [J]. 科技进步与对策, 2009, 26 (3): 137 - 139.

[33] 林春培, 张振刚. 过程视角下企业吸收能力组成与结构的实证研究 [J]. 科研管理, 2014, 35 (2): 25 - 34.

[34] 林东清. 知识管理理论与实务 [M]. 北京: 电子工业出版社, 2005: 78 - 80.

[35] 林莉, 郑旭, 葛继平. 产学研联盟知识转移的影响因素及促进机制研究 [J]. 中国科技论坛, 2009 (5): 39 - 43.

[36] 刘常勇, 谢洪明. 企业知识吸收能力的主要影响因素 [J]. 科学学研究, 2003, 21 (3): 307 - 310.

[37] 刘璐. 企业外部网络对企业绩效的影响研究 [D]. 济南: 山东大学, 2009.

[38] 吕海萍, 龚建立, 王飞绒等. 产学研相结合的动力—障碍机制实证分析 [J]. 研究与发展管理, 2004, 16 (2): 58 - 62.

[39] 吕一博, 赵漪博. 后发复杂产品系统制造企业吸收能力的影

7 out

7 me

7 me

7 me

7 me

7 me

7 me

响因素 [J]. 科学学与科学技术管理, 2014, 35 (5): 137 – 146.

[40] 鲁若愚. 企业大学合作创新的机理研究 [D]. 北京: 清华大学, 2002.

[41] 鲁若愚, 张鹏, 张红琪. 产学研合作创新模式研究——基于广东省部合作创新实践的研究 [J]. 科学学研究, 2012, 30 (2): 186 – 194.

[42] 卢纹岱, 朱红兵. SPSS 统计分析 (第五版) [M]. 北京: 电子工业出版社, 2015: 125 – 135.

[43] 马瑞超, 张鹏. 外资异质、吸收能力与创新绩效 [J]. 当代财经, 2013 (2): 98 – 107.

[44] 穆荣平, 赵兰香. 产学研合作中若干问题思考 [J]. 科技管理研究, 1998 (2): 31 – 34.

[45] 宁东玲. 潜在吸收能力和实际吸收能力的差异分析 [J]. 现代情报, 2013, 33 (5): 116 – 120.

[46] 宁东玲, 卢启程. 吸收能力的组织产出 [J]. 科技管理研究, 2008 (11): 154 – 156.

[47] 宁东玲, 吴远巍. 吸收能力的影响因素分析及对策研究 [J]. 技术经济与管理研究, 2007 (1): 98 – 99.

[48] 潘杰义, 李燕, 詹美求. 企业—大学知识联盟中知识转移影响因素分析 [J]. 科技管理研究, 2006 (7): 206 – 210.

[49] 潘瑞. 亚信联创的国际化战略研究 [D]. 南京: 南京大学, 2013.

[50] 皮亚杰. 发生认识论原理 [M]. 王宪钿, 等译. 北京: 商务印书馆, 1997: 58 – 60.

[51] 钱锡红, 杨永福, 徐万里. 企业网络位置、吸收能力与创新绩效——一个交互效应模型 [J]. 管理世界, 2010 (5): 118 – 129.

[52] 秦玮, 徐飞. 基于吸收能力的产学研合作模式演化研究: 以宝钢—上海交大为例 [J]. 科技管理研究, 2010 (1): 19 – 21.

[53] 秦玮, 徐飞. 产学研联盟动机、合作行为与联盟绩效 [J].

科技管理研究，2014（8）：107－112.

[54] 赛卡瑞安. 企业研究方法［M］. 祝道松，林家五译. 北京：清华大学出版社，2005：23－28.

[55] 沙振权，周飞. 企业网络能力对集群间企业合作绩效的影响研究［J］. 管理评论，2013，25（6）：95－103.

[56] 佘秋平，蔡翔，陈果. 高校科研团队距离因素对团队绩效的影响研究［J］. 技术经济与管理研究，2012（9）：26－29.

[57] 疏礼兵. 企业研发团队内部知识转移的过程机制与影响因素研究［M］. 杭州：浙江大学出版社，2008：113－116.

[58] 孙卫，王彩华，刘民婷. 产学研联盟中知识转移绩效的影响因素研究［J］. 科学学与科学技术管理，2012，33（8）：58－65.

[59] 苏敬勤. 产学研合作创新的交易成本及内外部外条件［J］. 科研管理，1999，20（5）：68－72.

[60] 唐丽艳，周建林，王国红. 社会资本、在孵企业吸收能力和创新孵化绩效的关系研究［J］. 科研管理，2014，35（7）：51－60.

[61] 陶锋. 知识溢出、吸收能力及创新绩效——基于珠三角代工企业的实证研究［D］. 广州：暨南大学，2009.

[62] 涂振洲，顾新. 基于知识流动的产学研协同创新过程研究［J］. 科学学研究，2013，31（9）：1381－1390.

[63] 王朝东. 亚信公司的企业成长及其启示［D］. 北京：清华大学，2005.

[64] 王国顺，杨昆. 社会资本、吸收能力对创新绩效影响的实证研究［J］. 管理科学，2011，24（5）：23－36.

[65] 王宏起，王雪原，王珊珊. 产学研联盟：黑龙江省自主创新的重要模式［J］. 中国科技论坛，2006（4）：16－19.

[66] 王辉，张慧颖，吴红翠. 供应链间关系质量对知识吸收能力和企业合作创新绩效的影响研究［J］. 统计与信息论坛，2012，27（11）：99－105.

［67］王天力．隐性知识获取、吸收能力与新创企业创新绩效关系研究［D］．长春：吉林大学，2013.

［68］王毅，吴贵生．产学研合作中粘滞知识的成因与转移机制研究［J］．科研管理，2001，22（6）：114－121.

［69］王章豹．产学研合作：模式、走势、问题与对策［J］．科技进步与对策，2000（3）：115－117.

［70］王雎．吸收能力的研究现状与重新定位［J］．外国经济与管理，2007，29（7）：1－8.

［71］王雎，罗珉．基于关系性吸收能力的合作创新研究［J］．科研管理，2008，29（1）：14－20.

［72］王志炜，陈劲．吸收能力构念、维度划分及测量的实证研究［J］．技术经济，2012，31（9）：7－11.

［73］魏景柱，刘晶，林向义．基于产学研合作的企业自主创新能力提升机理分析［J］．学术交流，2010（10）：127－129.

［74］魏奇锋，顾新．基于知识流动的产学研协同创新过程研究［J］．科技进步与对策，2013，30（15）：133－137.

［75］韦影．企业社会资本与技术创新：基于吸收能力的实证研究［J］．中国工业经济，2007（9）：119－127.

［76］温忠麟，侯杰泰，张雷．调节效应与中介效应的比较和应用［J］．心理学报，2005，37（2）：268－274.

［77］吴伯翔，阎海峰，关涛．本土企业吸收能力影响因素的实证研究［J］．科技进步与对策，2007，24（8）：110－113.

［78］吴定玉．基于全球学习效应的跨国战略联盟机理研究［J］．软科学，2004，18（1）：81－84.

［79］吴洁．产学研合作中高校知识转移的超循环模型及作用研究［J］．研究与发展管理，2007，19（4）：119－123.

［80］吴结兵，徐梦周．网络密度与集群竞争优势：集聚经济与集体学习的中介作用——2001～2004年浙江纺织业集群的实证分析［J］．

管理世界，2008（8）：69 - 78.

[81] 吴明隆. 问卷统计分析实务. SPSS 操作与应用 [M]. 重庆：重庆大学出版社，2010：120 - 125.

[82] 吴思静，赵顺龙. 基于 GEM 模型的高新技术产业集群竞争力研究 [J]. 科技管理研究，2010（5）：154 - 156.

[83] 吴滩，陈莉平. 产学研合作创新网络的结点分析及其构建 [J]. 价值工程，2007（1）：32 - 35.

[84] 肖志雄. 服务代理企业知识吸收能力研究 [D]. 武汉：武汉理工大学，2011.

[85] 辛爱芳. 析产学研合作中的合作模式选择 [J]. 企业经济，2004（9）：62 - 63.

[86] 谢园园，梅姝娥，仲伟俊. 产学研合作行为及模式选择影响因素的实证研究 [J]. 科学学与科学技术管理，2011，32（3）：35 - 43.

[87] 谢识予. 经济博弈论（第三版）[M]. 上海：复旦大学出版社，2010：156 - 162.

[88] 徐二明，陈茵. 中国企业吸收能力对竞争优势的影响 [J]. 管理科学，2009，22（2）：14 - 23.

[89] 徐晔彪，徐凤菊. 浅谈知识创新与"产学研"合作 [J]. 科学创业月刊，2004（7）：11 - 12.

[90] 许观玉. 基于产业集群理论的视角对上海产学研联盟的思考 [D]. 上海：华东师范大学，2007.

[91] 阎海峰. 智力资本、吸收能力与组织创新关系研究 [D]. 研究与发展管理，2009，21（5）：39 - 47.

[92] 闫立罡，吴贵生. 联盟绩效的影响因素分析 [J]. 研究与发展管理，2006，18（5）：22 - 28.

[93] 杨昆. 社会资本、吸收能力对企业创新绩效的影响研究 [D]. 长沙：中南大学，2011.

[94] 姚威. 产学研合作创新的知识创造过程研究 [D]. 杭州：浙

江大学，2009.

［95］姚艳虹，周惠平．产学研协同创新中知识创造系统动力学分析［J］．科技进步与对策，2015，32（4）：110－117.

［96］野中郁次郎，竹内弘高．创造知识的企业：日美企业持续创新的动力［M］．李萌，高飞译．北京：知识产权出版社，2006：108－112.

［97］叶伟巍，兰建平．基于主导设计视角的产学研合作创新机理研究［J］．科学学研究，2009，27（4）：610－615.

［98］尤建新，任斌，邵鲁宁．企业吸收能力研究演进脉络梳理与前沿热点探析——基于引文分析法［J］．外国经济与管理，2012，34（12）：20－30.

［99］游文明，周胜，冷得彤等．产学研合作动力机制优化研究［J］．科学学与科学技术管理，2004，25（10）：9－12.

［100］余陈金．外部知识获取、吸收能力与创新绩效关系研究［D］．广州：华南理工大学，2012.

［101］喻科．产学研合作创新网络特性及动态创新能力培养研究［J］．科研管理，2011（2）：82－88.

［102］于玲玲，赵西萍，周密等．知识转移中知识特性与联系强度的联合调节效应研究——基于成本视角的分析［J］．科学学与科学技术管理，2012，33（10）：49－57.

［103］原长弘．国内产学研合作学术研究的主要脉络：一个文献述评［J］．研究与发展管理，2005，17（4）：98－102.

［104］原长弘，章芬，姚建军．政产学研用协同创新与企业竞争力提升［J］．科研管理，2015，36（12）：1－8.

［105］袁静，吴瑶．以产学研联合实现中小企业的知识引进与吸收［J］．中国科技论坛，2009（1）：79－83.

［106］张德茗，李艳．科技型中小企业潜在知识吸收能力和实现知识吸收能力与企业创新绩效的关系研究［J］．研究与发展管理，2011，

23 (3): 56 - 68.

[107] 詹雯婷, 章熙春, 胡军燕. 产学研合作对企业技术能力结构的双元性影响 [J]. 科学学研究, 2015, 33 (10): 1528 - 1537.

[108] 张光磊, 刘善仕, 彭娟. 组织结构、知识吸收能力与研发团队创新绩效: 一个跨层次的检验 [J]. 研究与发展管理, 2012, 24 (2): 19 - 27.

[109] 张莉, 和金生. 知识距离与组织内知识转移效率 [J]. 现代管理科学, 2009 (3): 43 - 44.

[110] 张素平, 吴志岩. 吸收能力的研究评述——基于知识创新的动态理论视角 [J]. 中国科技论坛, 2012 (11): 11 - 17.

[111] 张韬. 基于吸收能力的创新能力与竞争优势关系研究 [J]. 科学学研究, 2009, 27 (3): 445 - 452.

[112] 赵兰香, 乐慧兰. 合作创新中知识传递与制度创新的和谐问题 [J]. 科学学研究, 2002 (6): 654 - 658.

[113] 郑慕强, 徐宗玲. 中小企业外部网络、吸收能力与技术创新 [J]. 经济管理, 2009, 31 (11): 71 - 78.

[114] 周文光. 吸收能力与流程创新绩效之间关系的实证研究——基于知识产权风险的调节作用 [J]. 南开管理评论, 2003, 16 (5): 51 - 60.

[115] 朱桂龙, 彭有福. 产学研合作创新网络组织模式及其运作机制研究 [J]. 软科学, 2003, 17 (4): 49 - 52.

[116] 朱学彦. 基于嵌入性关系和组织间学习的产学知识联盟研究 [D]. 杭州: 浙江大学, 2009.

[117] 曾德明, 何银芳, 彭盾. 基于超循环理论的产学研系统中知识转移障碍研究 [J]. 软科学, 2009, 23 (7): 1 - 6.

[118] Ahuja, G. & Katila R. Technological acquisitions and the innovation performance of acquiring firms: a longitudinal study [J]. Strategic Management Journal, 2001, 22 (22): 197 - 220.

[119] Anderson, E., Weitz, B. A. & Institute, M. S. The use of

pledges to build and sustain commitment in distribution channels [M]. Marketing Science Institute, 1991: 121 – 125.

[120] Aulakh, P. S. & Sahay, A. Trust and performance in cross-border marketing partnerships: a behavioral approach [J]. Journal of International Business Studies, 1996, 27 (5): 1005 – 1032.

[121] Aurélie, B. Meaningful distinctions within a concept: relational, collective, and generalized social capital [J]. Social Science Research, 2009, 38 (2): 251 – 65.

[122] Barney, J. B. Strategic factor markets: expectations, luck, and business strategy [J]. Management Science, 1986, 32 (10): 1231 – 1241.

[123] Barney, J. B. Firm resources and sustained competitive advantage [J]. Journal of Management, 1991, 17: 99 – 120.

[124] Baum, J. A. C. , Calabrese, T. & Silverman, B. S. Don't go it alone: alliance networks and startup performance in Canadian biotechnology [J]. Strategic Management Journal, 2000b (21): 267 – 294.

[125] Baum, J. A. C. , Li, S. X. & Usher, J. M. Making the next move: how experiential and vicarious learning shape the locations of chains' acquisitions [J]. Administrative Science Quarterly, 2000a (45): 766 – 801.

[126] Becker, H. S. Notes on the concept of commitment [J]. American Journal of Sociology, 1960, 66 (1): 32 – 40.

[127] Bostrom, R. P. Successful application of communication techniques to improve the systems development process [J]. Information & Management, 1989, 16 (5): 279 – 295.

[128] Bougrain, F. & Haudeville, B. Innovation, collaboration and SMEs internal research capacities [J]. Research Policy, 2002, 31 (5): 735 – 747.

[129] Bower, G. H. & Hilgard, E. R. Theories of learning [M].

Prentice – Hall, 1981.

[130] Bowman, E. H. & Hurry, D. Strategy through the option lens: an integrated view of resource investments and the incremental-choice process [J]. Academy of Management Review, 1993, 18 (4): 760 – 782.

[131] Bradach, J. L. & Eccles, R. G. Markets versus hierarchies: from ideal types to plural forms [J]. Annual Revies of Sociology, 1989 (15): 97 – 118.

[132] Burt, R. S. The social structure of competition [J]. Explorations in Economic Sociology, 1993, 65: 103.

[133] Burt, R. S. Structural holes: the social structure of competition [M]. Cambridge: Harvard University Press, 1992: 88 – 92.

[134] Canogia, C. Synergy between competitive intelligence, knowledge management and technological foresight as a strategic model of prospecting-the use of biotechnology in the development of drugs against breast cancer [J]. Biotechnology Advances, 2007, 25 (1): 57 – 74.

[135] Cohen, W. M. & Levinthal, D. A. Innovation and learning: the two faces of R&D [J]. The economic journal, 1989, 99 (397): 569 – 596.

[136] Cohen, W. M. & Levinthal, D. A. Absorptive capacity: a new perspective on learning and innovation [J]. Administrative science quarterly, 1990, 35 (1): 128 – 152.

[137] Cohen, W. M. & Levinthal, D. A. Fortune favors the prepared firm [J]. Management Science, 1994, 40 (2): 227 – 251.

[138] Coleman, J. Social capital in the creation of human captial [J]. American Journal of Sociology, 1998, 94 (Supplement): 95 – 120.

[139] Conner, K. R. & Prahalad, C. K. A resource-based theory of the firm: knowledge versus opportunism [J]. Organization Science, 1996, 7 (5): 477 – 501.

[140] Cummings, J. L. & Teng, B. S. Transferring R&D knowledge: the key factors affecting knowledge transfer success [J]. Journal of Engineering and Technology Management, 2003, 20 (1): 39 – 68.

[141] Daghfous, A. Absorptive capacity and the implementation of knowledge-intensive best practices [J]. Sam Advanced Management Journal, 2004, 69 (2): 21 – 27.

[142] Das, T. K. & Teng, B. S. Between trust and control: developing confidence in partner cooperation alliances [J]. Academy of Management Review, 1998, 23 (3): 491 – 512.

[143] Datta, A. Combining networks, anbidexterity and absorptive capacity to explain commercialization of innovations: a theoretical model from review and extension [J]. Journal of Management and Strategy, 2011, 2 (4): 2 – 25.

[144] Debackere, K. & Veugelers, R. The role of academic technology transfer organizations in improving industry science links [J]. Research Policy, 2005, 34 (3): 321 – 342.

[145] Dixon, N. M. Common knowledge: how companies thrive by sharing what they know [M]. Boston: Harvard Business School Press, 2000: 135 – 140.

[146] Drucker, P. F. Management challenges for the 21st century [M]. New York: Harvard Business Press, 1999: 112 – 118.

[147] Dwyer, F. R., Schurr, P. H. & Oh, S. Developing buyer-seller relationship [J]. Journal of marketing, 1987 (51): 11 – 27.

[148] Dyer, J. H. & Singh, H. The relational view: cooperative strategy and sources of interorganizational competitive advantage [J]. Academy of Management Review, 1998, 23 (4): 660 – 679.

[149] Ein – Dor, P. & Segev, E. Organizational information systems: determinants of their performance and behavior [J]. Management Science,

1982, 28 (2): 138 – 155.

[150] Eisenhardt, K. M. & Martin, J. A. Dynamic capabilities: what are they? [J]. Strategic Management Journal, 2000, 21 (10 – 11): 1105 – 1121.

[151] Eom, B. Y. & Lee, K. Determinants of industry-academy linkages and their impact on firm performance: the case of Korea as a latecomer in knowledge industrialization [J]. Research Policy, 2010, 39 (5): 625 – 639.

[152] Escribano, A. , Fosfuri, A. & Tribó, J. A. Managing external knowledge flows: the moderating role of absorptive capacity [J]. Research Policy, 2009, 38 (1): 96 – 105.

[153] Fallard, Poesi. Representations and influences process in groups: toward a social cognitive on cognition in organizations [J]. Scandinavian Journal of Management, 1998, 14 (12): 395 – 420.

[154] Flatten, T. C. , Greve, G. I. & Brettel, M. Absorptive capacity and firm performance in SMEs: the mediating influence of strategic alliances [J]. European Management Review, 2011, 8 (3): 137 – 152.

[155] Fosfuri, A. & Tribó, J. A. Exploring the antecedents of potential absorptive capacity and its impact on innovation performance [J]. Omega, 2008, 36 (2): 173 – 187.

[156] Galaskiewicz, J. & Zaheer, A. Networks of competitive advantage [J]. Research in the Sociology of Organizations, 1999, 16 (1): 237 – 61.

[157] Gambardella, A. Competitive advantages from in-house scientific research: The US pharmaceutical industry in the 1980s [J]. Research Policy, 1992, 21 (5): 391 – 407.

[158] Geisle, R. E. Industry-university technology cooperation: a theory of interorganizational relationships [J]. Technology Analysis & Strategic Management, 1995, 7 (2): 217 – 229.

[159] George, G. , Zahra, S. A. , Wheatley, K. K. , et al.. The effects

of alliance portfolio characteristics and absorptive capacity on performance: A study of biotechnology firms [J]. Journal of High Technology Management Research, 2001, 12 (2): 205 – 226.

[160] Giuliani, E. & Arza, V. What drives the formation of valuable university-industry linkages: insights from the wine industry [J]. Research Policy, 2009, 38 (6): 906 – 921.

[161] Gordon, M. Absorptive and de-absorptive capacity-related practices at the network level-the case of sematech [J]. R&D Management, 2012, 42 (1): 90 – 99.

[162] Granovetter, M. S. The strength of weak ties [J]. Social Science Electronic Publishing, 1973, 13 (2): 1360 – 1380.

[163] Grant, R. M. Toward a knowledge-based theory of the firm [J]. Strategic Management Journal, 1996, 17 (S2): 109 – 122.

[164] Grant, R. M. Prospering in dynamically-competitive environments: organizational capability as knowledge integration [J]. Organization Science, 1996 (7): 375 – 387.

[165] Gulati, R. Alliances and networks [J]. Strategic Management Journal, 1998, 19 (4): 293 – 317.

[166] Hamel, G. Competition for competence and interpartner learning within international strategic alliances [J]. Strategic Management Journal, 1991, 12 (S1): 83 – 103.

[167] Hansen, M. T., Nohria, N. & Tierney, T. What's your strategy for managing knowledge? [J]. Harvard Business Review, 1999, 77 (2): 106 – 116.

[168] Hazlett, J. A. & Carayannis, E. G. Business – University virtual teaming for strategic planning [J]. Technological Forecasting and Social Change, 1998, 57 (3): 261 – 265.

[169] Hedlund, G. A model of knowledge management and the N –

Form corporation [J]. Strategic Management Journal, 1994, 15 (Summer special issue): 3 – 91.

[170] Hippel, E. V. Economics of product development by users: the impact of "sticky" local information [J]. Management Science, 1998, 44 (5): 629 – 644.

[171] Holsapple, C. W. & Joshi, K. D. Organizational knowledge resource [J]. Decision Support Systems, 2001, 31 (1): 39 – 54.

[172] Hoopes, D. G. & Postrel, S. Shared knowledge glitches and product development performance [J]. Strategic Management Journal, 1999, 20 (9): 837 – 865.

[173] Imrie, R. & Morris, J. A review of recent changes in buyer-supplier relations [J]. Omega, 1992, 20 (5 – 6): 641 – 652.

[174] Inkpen, A. C. An examination of knowledge management in international joint ventures. In Beamish, P. and Killings, J. (eds.), cooperative strategies: North American Perspectives [M]. New Lexington Press, San Francisco, CA, 1997: 97 – 105.

[175] Inkpen, A. C. Learning, knowledge acquisition, and strategic alliances [J]. European Management Journal, 1998, 16 (2): 223 – 229.

[176] Inkpen, A. C. & Currall, S. The convolution of trust, control and learning in joint ventures [J]. Organization Science, 2004, 15 (5): 586 – 599.

[177] Inkpen, A. C. & Tsang, E. W. K. Social capital, networks and knowledge transfer [J]. The Academy of Management Review, 2005, 30 (1): 146 – 165.

[178] Jansen, J. J. P. & Volberda, H. W. Managing potential and realized absorptive capacity: how do organizational antecedents matter? [J]. Academy of Management Journal, 2005, 48 (6): 999 – 1015.

[179] Kale, P., Singh, H. & Perlmutter, H. Learning and protection

of proprietary assets in strategic alliances: building relational capital [J].
Strategic Management Journal 2000, (21): 217 – 237.

[180] Kamath, V., Rodrigues, L. L. & Desai, P. The role of top management in using knowledge management as a tool for innovation-a system dynamics perpective [J]. Proceedings of the World congress on Engineering, 2011 (1): 759 – 762.

[181] Keshavaraj, R., Tock, R. W. & Nusholtz, G. S. The interorganizational learning dilemma: collective knowledge development in strategic alliances [J]. Organization Science, 1998, 9 (3): 285 – 305.

[182] Kim, L. Crisis construction and organizational learning: capability building in catching-up at hyundai motor [J]. Organization Science, 1998, 9 (4): 506 – 521.

[183] Ko, D. G. & King, W. R. Antecedents of knowledge transfer from consultants to clients in enterprise system implementations [J]. Mis Quarterly, 2005, 29 (1): 59 – 85.

[184] Kodama, T. The role of intermediation and absorptive capacity in facilitating university-industry linkages-an empirical study of TAMA in Japan [J]. General Information, 2008, 37 (8): 1224 – 1240.

[185] Kostopoulos, K., Papalexandris, A., Papachroni, M., et al.. Absorptive capacity, innovation, and financial performance [J]. Journal of Business Research, 2011, 64 (12): 1335 – 1343.

[186] Kraatz, M. S. Learning by association? interorganizational networks and adaptation to environment change [J]. Academy of Management Journal, 1998, 41 (6): 621 – 643.

[187] Landry, R., Amara, N. & Lamari, M. Does social capital determine innovation? to what extent? [J]. Technological Forecasting and Social Change, 2002, 69 (7): 681 – 701.

[188] Lane, P. J. & Lubatkin, M. Relative absorptive capacity and in-

ter-organizational learning [J]. Strategic Management Journal, 1998, 19 (5): 461 – 477.

[189] Lane, P. J. & Pathak, S. The reification of absorptive capacity: a critical review and rejuvenation of the construct [J]. Academy of Management Review, 2006, 31 (4): 833 – 863.

[190] Lane, P. J., Salk, J. E. & Lyles, M. A. Absorptive capacity, learning, and performance in international joint ventures [J]. Strategic Management Journal, 2001, 22 (12): 1139 – 1161.

[191] Lee, H. & Choi, B. Knowledge management enablers, processes, and organizational performance: an integrative view and empirical examination [J]. Journal of Management Information Systems, 2003, 20 (1): 179 – 228.

[192] Leonard – Barton, D. & Deschamps, I. Managerial influence in the implementation of new technology [J]. Management Science, 1988, 34 (10): 1252 – 1265.

[193] Leonard – Barton, D. Core capabilites and core rigidities: a paradox in managing new product development [J]. Strategic Management Journal, 1992, 13 (1): 111 – 125.

[194] Levinson, N. S. & Asahi, M. Cross-national alliances and interorganizational learning [J]. Organizational Dynamics, 1995, 24 (2): 50 – 63.

[195] Liao, J., Welsch, H. & Stoica, M. Organizational absorptive capacity and responsiveness: an empirical investigation of growth-oriented SMEs [J]. Entrepreneurship Theory and Practice, 2003, 28 (1): 63 – 85.

[196] Lichtenthaler, U. Absorptive capacity, environmental turbulenceand the complementarity of organizational learning processes [J]. Academy of Management Journal, 2009, 52 (4): 822 – 846.

[197] Lindsay, P. H. & Norman, D. A. Human information processing: an introduction to psychology [M]. London: Academic Press, 1977:

107 – 112.

［198］Lippman, S. A. & Rumelt, R. P. Uncertain imitability： an anal-ysis of interfirm differences in efficiency under competition ［J］. Bell Journal of Economics, 1982, 13（2）：418 – 438.

［199］Liu, C. L. E. An investigation of relationship learning in cross-border buyer-supplier relationships： The role of trust ［J］. International Busi-ness Review, 2012, 21（3）：311 – 327.

［200］Lngham, M. & Mothe, C. How to learn in R&D partnerships? ［J］. R&D Management, 1998, 28（28）：249 – 261.

［201］Lubatkin, M. , Florin, J. & Lane, P. Learning together and apart： A model of reciprocal interfirm learning ［J］. Human Relations, 2001, 54（10）：1353 – 1382.

［202］Lyles, M. A. & Salk, J. E. Knowledge acquisition from foreign parents in international joint ventures： an empirical examination in the Hun-garian context ［J］. Journal of International Business Studies, 2007, 38（5）：3 – 18.

［203］Makino, S. & Delios, A. Local knowledge transfer and perform-ance： implications for alliance formation in Asia ［J］. Journal of International Business Studies, 1996, 27（27）：905 – 927.

［204］Mansfield, E. Academic research and industrial innovation： An update of empirical findings ［J］. Research Policy, 1998, 26（1）：773 – 776.

［205］March, J. G. Exploration and exploitation in organizational learn-ing ［J］. Organization Science, 1991, 2（1）：69 – 81.

［206］March, J. G. Continuty and change in theories of organizational action ［J］. Administrative Science Quarterly, 1996（41）：278 – 287.

［207］March, J. G. Raionality, foolishness, and adaptive intelligence ［J］. Strategic Management Journal, 2006（27）：201 – 214.

[208] Marsden, P. V. Network data and measurement [J]. Annual Review of Sociology, 2003, 16 (4): 435 – 463.

[209] Matusik, S. F. & Heeley, M. B. Absorptive capacity in the software industry: identifying dimensions that affect knowledge and knowledge creation activities [J]. Journal of Management, 2005, 31 (4): 549 – 572.

[210] Molm, L. D. Dependence and risk: transforming the structure of social exchange [J]. Social Psychology Quarterly, 1994, 57 (3): 163 – 176.

[211] Morgan, R. M. & Hunt, S. D. The commitment-trust theory of relationship marketing [J]. Journal of Marketing, 1994, 58 (3): 20 – 38.

[212] Mowery, D. C. Collaborative R&D: how effective is it? [J]. Issues in Science and Technology, 1998, 15 (1): 37 – 44.

[213] Mowery, D. C. & Oxley, J. E. Inward technology transfer and competitiveness: the role of national innovation systems [J]. Cambridge Journal of Economics, 1995, 19 (1): 67 – 93.

[214] Müller – Seitz, G. Absorptive and desorptive capacity-related practices at the network level—the case of sematech [J]. R&D Management, 2012, 42 (1): 90 – 99.

[215] Muscio, A. The impact of absorptive capacity on smes' collaboration [J]. Economics of Innovation & New Technology, 2007, 16 (8): 653 – 668.

[216] Nahapiet, J. & Ghoshal, S. Social capital, intellectual capital and the organizational advantage [J]. The Academy of Management Review, 1998, 23 (2): 242 – 266.

[217] Nohria, N. & Garcia – Pont, C. Global strategic linkages and industry structure [J]. Strategic Management Journal, 1991, 12 (S1): 105 – 124.

[218] Nonaka, I. A dynamic theory of organizational knowledge creation [J]. Organization Science, 1994, 5 (1): 3 – 42.

[219] Nonaka, I. & Takeuch, H. The knowledge-creating company:

how Japanese companies create the dynamics of innovation [M]. Oxford: Oxford University Press, 1995.

[220] Nonaka, I., Takeuchi, H. & Umemoto, K. A theory of organizational knowledge creation [J]. International Journal of Technology Management, 1996, 11 (7-8): 833-845.

[221] Nooteboom, B., Haverbeke, W. V., Duysters, G., et al.. Optimal cognitive distance and absorptive capacity [J]. Working Papers, 2007, 36 (7): 1016-1034.

[222] Panteli, N. & Sockalingam, S. Trust and conflict within virtual inter-organizational alliances: A framework for facilitating knowledge sharing [J]. Decision Support Systems, 2005, 39 (4): 599-617.

[223] Patra, J. E., Pandza, K., Armbruster, H., et al.. Absorptive capacity in European manufacturing: a delphi study [J]. Industrial Management and Data systems, 2007, 107 (1): 37-51.

[224] Paul, L. R., Caxali, G. L. & David, J. Managing open incremental process innovation: Absorptive Capacity and distributed learning [J]. Research Policy, 2012, 41 (5): 822-832.

[225] Perkmann, M., Neely, A. & Walsh, K. How should firms evaluate success in University-Industry alliances? a performance measurement system [J]. R&D Management, 2011, 41 (2): 202-216.

[226] Petruzzelli, A. M. The impact of technological relatedness, prior ties, and geographical distance on university-industry collaborations: a joint-patent analysis [J]. Technovation, 2011, 31 (7): 309-319.

[227] Pertusa – Ortega, E. M., Zaragoza – Sáez, P. & Claver – Cortés, E. Can formalization, complexity, and centralization influence knowledge performance? [J]. Journal of Business Research, 2010, 63 (3): 310-320.

[228] Philbin, S. Measuring the performance of research collaborations [J]. Measuring Business Excellence, 1997, 12 (3): 16-23.

[229] Polanyi, M. The tacit dimension [M]. London: Routledge & Kegan Paul, 1966.

[230] Prahalad, C. K. & Hamel, G. The core competence of the corporation [J]. Harvard Business Review, 1990 (5): 79 – 91.

[231] Pucik, V. Strategic alliances, organizational learning and competitive advantage: the HRM agenda [J]. Human Resource Management, 1988, 27 (1): 77 – 93.

[232] Reagans, R. & Mcevily, B. Network structure and knowledge transfer: the effects of cohesion and range [J]. Administrative Science Quarterly, 2003, 48 (2): 240 – 267.

[233] Rousseau, D. M., Sitkin, S. B., Burt, R. S., et al.. Not so different after all: a cross-discipline view of trust [J]. Academy of Management Review, 1998, 23 (3): 393 – 404.

[234] Santoro, M. D. & Gopalakrishnan, S. Relationship dynamics between university research centers and industrial firms: their impact on technology transfer activities [J]. Journal of Technology Transfer, 2001, 26 (1 – 2): 163 – 171.

[235] Sarkar, M. B., Echambadi, R., Cavusgil, S. T., et al.. The influence of complementarity, compatibility, and relationship capital on alliance performance [J]. Journal of the Academy of Marketing Science, 2001, 29 (4): 358 – 373.

[236] Schildt, H., Keil, T. & Maula, M. The temporal effects of relative and firm-level absorptive capacity on interorganizational learning [J]. Strategic Management Journal, 2011, 33 (10): 1154 – 1173.

[237] Scott, J. Absorptive capacity and the efficiency of research partnerships [J]. Technology Analysis and Strategic Management, 2003, 15 (2): 247 – 253.

[238] Shachar, J. & Zuscovitch, E. Learning patterns with in a techno-

logical network [M]. Kluwer Academic, London, 1990: 187 – 193.

[239] Siegel, D. S. , Waldman, D. A. , Atwater, L. E. , et al. . Commercial knowledge transfers from universities to firms: improving the effectiveness of university-industry collaboration [J]. Journal of High Technology Management Research, 2003, 14 (1): 111 – 133.

[240] Simonin, B. L. Ambiguity and the process of knowledge transfer in strategic alliance [J]. Strategic Management Journal, 1999, 20 (7): 595 – 623.

[241] Siu, W. S. & Bao, Q. Network strategies of small Chinese high-technology firms: a qualitative study [J]. Journal of Product Innovation Management, 2007, 25 (1): 79 – 102.

[242] Song, J. & Wu, G. Learning-by-hiring: when is mobility more likely to facilitate interfirm knowledge transfer? [J]. Management Science, 2003, 49 (4): 351 – 365.

[243] Spanos, Y. E. & Voudouris, I. Antecedents and trajectories of AMT adoption: the case of Greek manufacturing SMEs [J]. Research Policy, 2009, 38 (1): 144 – 155.

[244] Sun, P. Y. T. & Anderson, M. H. An examination of the relationship between absorptive capacity and organizational learning, and a proposed integration [J]. International Journal of Management Reviews, 2010, 12 (2): 130 – 150.

[245] Szulanski, G. Exploring internal stickiness: impediments to the transfer of best practice within the firm [J]. Strategic Management Journal, 1996, 17 (S2): 27 – 43.

[246] Teece, D. J. Capturing value from knowledge assets: The new economy, markets for know-how, and intangible assets [J]. California Management Review, 1998 (40): 55 – 79.

[247] Teece, D. & Pisano, G. The dynamic capabilities of firms: an

introduction [J]. Industrial and Corporate Change, 1994, 3 (3): 537 –
556.

[248] Teece, D. J., Pisano, G. & Shuen, A. Dynamic capabilities
and strategic management [J]. Strategic Management Journal, 1997, 18
(7): 509 – 533.

[249] Tsai, W. Knowledge transfer in intraorganizational networks:
effects of network position and absorptive capacity on business unit innovation
and performance [J]. Academy of Management Journal, 2001, 44 (5):
996 – 1004.

[250] Turner, S. F., Bettis, R. A. & Burton, R. M. Exploring depth
versus breadth in knowledge management strategies [J]. Computational &
Mathematical Organization Theory, 2002, 8 (1): 49 – 73.

[251] Teece, D. & Pisano, G. The dynamic capabilities of firms: an
introduction [J]. Industrial & Corporate Change, 1994, 3 (3): 537 –
556.

[252] Teece, D. J., Pisano, G. & Shuen, A. Dynamic capabilities
and strategic management [J]. Strategic Management Journal, 1997, 18
(7): 509 – 533.

[253] Tilton, J. E. Semiconductors and the worldwide spread of technol-
ogy: highlights of international diffusion of technology: the case of semicon-
ductors [M]. Brookings Institution (Washington), 1971: 178 – 181.

[254] Todorova, G. & Durisin, B. Absorptive capacity: valuing a re-
conceptualization [J]. Academy of Management Review, 2007, 32 (3):
774 – 786.

[255] Tsai, W. Knowledge transfer in intraorganizational networks:
effects of network position and absorptive capacity on business unit innovation
and performance [J]. Academy of Management Journal, 2001, 44 (5):
996 – 1004.

[256] Uizz, B. The sources and consequences of embeddendness for the economic performance of organiations: the network effect [J]. American Sociological Review, 1996, 61 (4): 674 – 698.

[257] Bosch, F. A. J. V. D. & Boer, M. D. Coevolution of firm absorptive capacity and knowledge environment: organizational forms and combinative capabilities [J]. Organization Science, 1999, 10 (5): 551 – 568.

[258] Ven, A. H. V. D. & Polley, D. Learning While Innovating [J]. Organization Science, 1992, 3 (1): 92 – 116.

[259] Veugelers, R. Internal R&D expenditures and external technology sourcing [J]. Research Policy, 1997, 26 (3): 303 – 315.

[260] Volberda, H. W. , Foss, N. J. & Lyles, M. A. Perspective-absorbing the concept of absorptive capacity: how to realize its potential in the organization field [J]. Organization Science, 2010, 21 (4): 931 – 951.

[261] Walsh, J. P. , Cohen, W. M. & Nelson, R. R. Links and impacts: the influence of public research on industrial R&D [J]. Management Science, 2002, 48 (1): 1 – 23.

[262] Kale, P. , Singh, H. & Perlmutter, H. Learning and protection of proprietary assets in strategic alliances: building relational capital [J]. Strategic Management Journal, 2000, 21 (3): 217 – 237.

[263] Wellman, B. & Wortley, S. Different strokes for different folks: community ties and social support [J]. American Journal of Sociology, 1990, 96 (3): 558 – 588.

[264] Wernerfelt, B. A resource-based view of the firm [J]. Strategic Management Journal, 1984, 5 (5): 171 – 180.

[265] Wilson, P. & Gorb, P. How large and small firms can grow together [J]. Long Range Planning, 1983, 16 (2): 19 – 27.

[266] Yeoh, P. L. Realized and potential absorptive capacity: understanding their antecedents and performance in the sourcing context [J]. Jour-

nal of Marketing Theory and Practice, 2009, 17 (1): 21 – 36.

[267] Yin, R. K. Case study research: design and methods [M]. Beverly Hills, CA: sage publications, 1984: 107 – 112.

[268] Yli – Renko, H. , Autio, E. & Sapienza, H. J. Social capital, knowledge acquisition, and knowledge exploitation in young technology-based firms [J]. Strategic Management Journal, 2001, 22 (6 – 7): 587 – 613.

[269] Zahra, S. A. & George, G. Absorptive capacity: a review, reconceptualization and extension [J]. Academy of Management Review, 2002, 27 (2): 185 – 203.

[270] Zhongtuo, Wang. Knowledge integration in collaborative innovation and a seif-organizing model [J]. International Journal of Information Technology and Decision Making, 2012, 11 (2): 427 – 440.

[271] Zollo, M. & Winter, S. G. Deliberate learning and the evolution of dynamic capabilities [J]. Organization Science, 2002, 13 (3): 339 – 351.

后　　记

本书是在笔者的博士论文基础上修改而得，在本书撰写接近尾声之际，回忆漫长而又短暂的学习时光，感慨自己的付出与收获，感激在这个过程中给予我帮助和支持的人。

首先最要感谢的是我的导师王耀德教授，从2003年攻读硕士学位，期间工作，再到2013年攻读博士学位，从对学术研究的一无所知，到渐渐迈进神圣的学术殿堂，一路走来都离不开导师的悉心栽培和全力支持。王老师学识渊博，学术功底深厚，指引我在学术的航程中不断探索；他是极负责任和关爱学生的老师，对我的论文从选题、研究思路、资料收集、问卷设计和修订完善都给予了悉心的指导和帮助，倾注了很多心血。他治学严谨、师德高尚、诲人不倦，他的常识和品格永远给我以力量！

同时，感谢江西财经大学工商管理学院吴照云、胡宇辰、舒辉、胡大立、杨慧、曹元坤、杨杰、杨剑锋等各位老师的授业解惑。在论文的选题审题过程中，舒辉教授、胡大立教授都为我提供了宝贵的意见和修正建议，使我的论文能够顺利成形并尽快进入写作阶段，感谢各位老师的帮助。

还要感谢的是一直在背后默默支持我的家人。我的爱人肖文博士一直在背后理解和支持我，给我的论文写作提供了许多宝贵意见，并对论文进行校正。我的儿子在枯燥的论文写作过程中给我带来了许多快乐，没有他们，我不可能顺利地完成博士论文的撰写。

感谢我的同窗学友祝振兵、缪金生、胡银花、杨文俊、于锦荣、许璟、王彪及同门兄妹李俊华、王忠诚等都对我平日的学习和论文撰写给予了很大的帮助和支持，感谢他们的帮助。

最后还要感谢我的大学同窗挚友，饶泉发、彭希鸿、吴明根在论文调研、案例分析过程中给我提供的大量第一手素材。

博士论文虽然完成了，但它并不代表结束，而只是学术旅程新的开始。博士阶段的学习和训练，使我在知识上有了一定的积累，在思考解决问题的能力上有了一定的提高，同时也使我在不断迎接挑战的过程中获得了思想上的升华。我将珍藏好这份收获，在今后的人生道路上继续自强不息，努力拼搏，负重前行！

艾志红

2017 年 5 月 25 日于南昌